ver!ssimo

Grafia atualizada segundo o Acordo Ortográfico da Língua Portuguesa de 1990,
que entrou em vigor no Brasil em 2009.

Capa e projeto gráfico
Pós Imagem Design

Escultura e ilustração
Ricardo Leite / Pós Imagem Design

Apresentação e seleção
Ana Maria Machado

Foto de orelha
Simone Rodrigues

Foto de lombada
Sylvio Sirangelo

Coordenação editorial
Isa Pessôa

Revisão
Antônio Prazeres
Neusa Peçanha

CIP-Brasil. Catalogação na fonte
Sindicato Nacional dos Editores de Livros, RJ

V517c
    Verissimo, Luis Fernando
        Comédias para se ler na escola / Luis Fernando
    Verissimo – 1ª ed. – Rio de Janeiro: Objetiva, 2001
        148 p.

        ISBN 978-85-7302-351-0

        1. Literatura brasileira – Crônicas. I. Título.

                    CDD B869.4

73ª reimpressão

[2020]
Todos os direitos desta edição reservados à
EDITORA SCHWARCZ S.A.
Praça Floriano, 19, sala 3001 — Cinelândia
20031-050 — Rio de Janeiro — RJ
Telefone: (21) 3993-7510
www.companhiadasletras.com.br
www.blogdacompanhia.com.br
facebook.com/editoraobjetiva
instagram.com/editora_objetiva
twitter.com/edobjetiva

LUIS FERNANDO ver!ssimo

Comédias para se Ler na Escola

Apresentação e seleção de **Ana Maria Machado**

OBJETIVA

Sumário

Bom de Ouvido

por Ana Maria Machado

Volta e meia a gente encontra alguém que foi alfabetizado, mas não sabe ler. Quer dizer, até domina a técnica de juntar as sílabas e é capaz de distinguir no vidro dianteiro o itinerário de um ônibus. Mas passa longe de livro, revista, material impresso em geral. Gente que diz que não curte ler.

Esquisito mesmo. Sei lá, nesses casos, sempre acho que é como se a pessoa estivesse dizendo que não curte namorar. Talvez nunca tenha tido a chance de descobrir como é gostoso. Nem nunca tenha parado para pensar que, se teve alguma experiência desastrosa em um namoro (ou em uma leitura), isso não quer dizer que todas vão ser assim. É só trocar de namorado ou namorada. Ou de livro. De repente, pode descobrir delícias que nem imaginava, gostosuras fantásticas, prazeres incríveis. Ninguém devia ser obrigado a namorar quem não quer. Ou ler o que não tem vontade. E todo mundo devia ter a oportunidade de experimentar um bocado nessa área, até descobrir qual é a sua.

Durante 18 anos, eu tive uma livraria infantil. De vez em quando, chegavam uns pais ou avós com a mesma queixa: "O Joãozinho não gosta de ler, o que é que eu faço?" Como eu acho que o ser humano é curioso por natureza e qualquer pessoa alfabetizada fica doida pra saber o segredo que tem dentro de um livro (desde que ninguém esteja tentando lhe impingir essa leitura feito remédio amargo pela goela abaixo), não acredito mesmo nessa história de criança não gostar de ler. Então, o que eu dizia naqueles casos não variava muito.

A primeira coisa era algo como "para de encher o saco do Joãozinho com essa história de que ele tem que ler". Geralmente, em termos mais delicados: "Por que você não experimenta aliviar a pressão em cima dele, e passar uns seis meses sem dar conselhos de leitura?"

O passo seguinte era uma sugestão: "Experimente deixar um livro como este ao alcance do Joãozinho, num lugar onde ele possa ler escondido, sem parecer que está fazendo a sua vontade. No banheiro, por exemplo." E o que eu chamava de *um livro como este*, já na minha mão estendida em oferta, podia ser um exemplar de *O Menino Maluquinho*, do Ziraldo, ou do *Marcelo, Marmelo, Martelo,* da Ruth Rocha, ou de *O Gênio do Crime*, do João Carlos Marinho. Havia vários outros títulos que também serviam. Mas o fato é que, em 18 anos de experiência, NUNCA, nem uma única vez, apareceu depois um pai reclamando que aquela sugestão não tinha dado certo. Pelo contrário, incontáveis vezes o encontro seguinte já incluía um Joãozinho entusiasmado, comentando o livro lido e disposto a fazer novas descobertas.

Para adolescentes e jovens, a coisa é um pouco mais complicada. Não porque não haja livro bom assim como os que citei. Pelo contrário, tem de montão. Eu seria capaz de encher páginas e páginas só dando sugestões e comentando cada uma delas. A quantidade chega até a atrapalhar a escolha, não é esse o problema. Mas aí já entram em cena muitas outras variáveis.

O fôlego de leitura do sujeito, por exemplo. Igualzinho ao que acontece nos esportes. Como quem sabe que não vai aguentar jogar noventa minutos, e então nem bate uma bolinha, dizendo que acha futebol um jogo idiota. Há quem desanime só de ver o número de páginas do livro, ou o tamanho da letra, ou o fato de não ter ilustração. Nesse caso, o cara acha que vai ficar de língua de fora e pagar o maior mico. Não percebe que não está competindo com ninguém. Também não tem ninguém na arquibancada olhando sua performance. Dá para levar o tempo que quiser para chegar ao fim do livro. Ler uma página por dia, por exemplo, se não quiser ir mais depressa. Num livro como este aqui, dá pra fazer isso — as histórias são curtinhas.

Para outros candidatos a leitor, não é uma questão de fôlego, mas de medo de não ter musculatura para ler. De só dar chute chocho e a bola não ir longe. De não aguentar a força do que está escrito, não entender umas palavras, não perceber o que o autor quer dizer e ficar se achando um burro. Se nunca usar, o músculo pode acabar tão atrofiado que o cara não consegue nem mastigar, fica feito um bebê, só come papinha, sopa e sorvete. Incapaz de traçar um churrasco — para não falar em ir ao supermercado trazer a carne, ou plantar a própria horta. Dá um trabalho... Quando vejo essa atitude, sempre me lembro daquela frase: "Acha que educação custa caro? Experimente só a ignorância..." Mas, de qualquer modo, dá também para ser solidário com quem ainda não teve chance de desenvolver sua musculatura leitora. Tudo bem, vamos devagar. Lendo textos curtos, fáceis, divertidos, variados, numa linguagem clara e parecida com a que a gente fala todo dia (e toda noite, não há limites). É só folhear este livro. Pode ser que alguma história atraia sua atenção e mostre que, mesmo que uma ou outra palavra lhe escape, ninguém está falando complicado.

Outra questão difícil na escolha de uma leitura de jovens e adolescentes, em minha opinião, é que eles já são praticamente adultos. Ainda mais hoje em dia, e no nosso país. Não têm que ficar lendo histórias de uma turminha de garotos que só se trata por apelidinhos idiotas e inventa uma máquina do tempo ou apura um crime, ou enfrenta o terror de múmias e mortos-vivos a serviço de um cientista maluco, ou vive aventuras nos Mares do Sul, no Vale dos Dinossauros, na Galáxia Superior ou no Reino do Escambau. É até uma falta de respeito com a inteligência e a capacidade dos jovens. Eles podem rir, brincar, gostar de ter amigos e de se divertir, mas também gostam muito de pensar e de criticar um bocado das heranças malucas que esse chamado mundo dos adultos está deixando para eles. E muitos dos livros que esses adultos (que muitas vezes não leem) querem que eles leiam ficam batendo nessa tecla da "bobajada divertida". Coisas que até tinham algum sentido em gerações anteriores, mas hoje apanham de goleada de qualquer videogame — porque são um tipo de diversão que não precisa de palavras.

E quando os livros que os adultos querem que os jovens leiam não são esses, pior ainda: lá vem aqueles autores do século XIX... e já estamos no XXI! Podem ser ótimos, importantes e tudo o mais — ninguém está negando isso. Mas não são o tipo de leitura ideal para aquele primeiro namoro/leitura cheio de delícias e gostosuras, quando o leitor ainda nem tem vinte anos.

E tem mais. Nessa idade, todo mundo gosta de procurar sua tribo. Há quem goste de pagode, quem se amarre em música sertaneja, quem só queira saber de rock. A turma que madruga e batalha para conciliar estudo e trabalho, o pessoal que discute política e faz manifestação, a moçada que não está nem aí. Se eles não se vestem igual, não frequentam os mesmos lugares, não se deslocam nos mesmos transportes, não curtem o mesmo tipo de música, não falam a mesma gíria, como é que de repente a gente vai encontrar um livro assim como *O Menino Maluquinho* para jovens, capaz de atingir a todos, tão diferentes?

A sorte é que o Brasil é incrível e produz essas coisas. A nossa cultura tem sido capaz de revelar de vez em quando uns artistas que são assim, porta-vozes de todos. Tipo Chico Buarque na música. Ou um filme como *Central do Brasil*, no cinema. E muitos outros.

Mais do que isso: tem sido uma permanente preocupação da arte brasileira, desde o modernismo de 1922, procurar ao mesmo tempo inventar uma linguagem nova e se expressar de uma maneira reconhecida por todos como nossa, brasileira. No caso da literatura, todo escritor que surgiu desde essa época teve que em algum momento decidir que tipo de língua ia usar para ajudar a criar a linguagem escrita brasileira. Um português que não seja artificial, enquadrado e certinho como impingiam os gramáticos lusitanos, mas que também não se transforme no vale-tudo dos locutores esportivos, tão pretensioso, ignorante e cheio de erros, tão consagrador das manias pessoais que pode acabar levando a uma situação em que daí a algum tempo ninguém mais se entende. Enfim, os escritores brasileiros do século XX tiveram que enfrentar o desafio de estabelecer o português do Brasil, fiel ao espírito do idioma que herdamos, mas atento ao que se diz de verdade pelo país afora, em casa ou na rua. Um português correto, mas brasileiro. Para ser um bom escritor, foi sendo necessário ter bom ouvido, ser meio músico. E, além disso, captar nossas pausas para rir. Coisa superimportante para todos nós.

Tem humorista que acha que é escritor. Nem sempre dá certo, às vezes fica até meio patético, sem graça e sem garra, dá pena. Mas talvez ainda seja pior o caso dos escritores metidos a engraçados. Dão mais pena ainda, constrangem o leitor. Ainda bem que no Brasil esses casos até que são raros. Temos é uma belíssima tradição de excelentes humoristas-escritores. Gente que tem um texto límpido, ágil, maravilhosamente agudo e inteligente. Autores que leem muito, ouvem muita música, veem muita imagem, se metem no palco, transitam de uma arte para outra. São artistas que sabem plasmar a linguagem para que ela lhes obedeça, autores que conhecem profundamente o idioma, que são capazes de relacionar fatos quotidianos com episódios históricos, carregá-los de alusões culturais, revirar sua lógica pelo avesso. Com isso, mostram seu ridículo, expõem seu absurdo... e arrancam gargalhadas ou sorrisos à vontade. Nomes como os de Millôr Fernandes, Ivan Lessa, Stanislaw Ponte Preta, Aldir Blanc. Nessa companhia, Luis Fernando Verissimo está absolutamente à vontade. É um dos grandes, numa área que, com toda certeza, é um dos pontos altos e originais da nossa literatura.

A praia do Verissimo é o quotidiano — principalmente na intimidade. As conversas entre quatro paredes, as lembranças solitárias de infâncias e adolescências constantemente passadas a limpo, os desígnios de Deus (em geral, mascarados sob a forma clássica das velhas anedotas sobre um grupo de pessoas que morre e se apresenta diante de São Pedro). Mas o tema não é o mais importante. Sobre qualquer assunto e a qualquer pretexto, o autor revela suas obsessões, fala das mesmas coisas, preocupa-se com o social e o ético, despreza solenemente o econômico... e encontra sempre uma maneira nova de fazer isso, como se nunca o tivesse feito antes. As situações podem ser quotidianas, mas os ângulos geralmente são insólitos e inesperados. Ou então, reforçam o já esperado, mas com tão exatas pitadas de exagero que a caricatura até parece um retrato realista pelo avesso, em que o lado cômico é revelado em sua verdadeira grandeza e o sentido profundo aparece com nitidez.

Para conseguir isso, Luis Fernando Verissimo conta com seu magistral domínio da linguagem e do ritmo da narração. Tem uma admirável economia no uso das palavras — tudo é enxuto, nada sobra. No país do barroco, é quase minimalista. Seus diálogos dão até a impressão de que saíram de uma fita gravada. Mas é só a gente lembrar da realidade das transcrições de conversas gravadas (cada vez mais frequentes nas denúncias de escândalos pela imprensa), para perceber como essa impressão é falsa. Estamos exatamente diante daquele processo que Carlos Drummond de Andrade descreveu tão bem, ao dizer que queria a beleza da simplicidade — mas não a beleza do que nasceu simples e sim a beleza do que ficou simples. Fruto de atenção impiedosa, muito trabalho e aguda consciência de como cortar.

Que ninguém se engane. Pode parecer que Luis Fernando Verissimo é que nem passarinho: abre o bico e sai cantando sem qualquer esforço, puro dom natural. Mas em arte isso não existe. E estamos falando de um artista da palavra. Alguém que *vê* a linguagem — como dizia o crítico Roland Barthes para caracterizar um escritor. Se alguém duvida, vá direto a uma das crônicas selecionadas, como "Palavreado". Ou "Defenestração". Mas se não quiser pensar em nada disso, não faz mal. Relaxe e aproveite. Curta as histórias, as piadas, o jeito de falar. Seja nos relatos de desencontros que chamamos de *Equívocos*, nas historinhas com moral escondida que batizei de *Fábulas,* nas divagações sobre um tema (*Falando Sério*), nas memórias (*Outros Tempos*), nas brincadeiras com a linguagem ou o estilo. Sempre uma gostosura. Puro prazer. Um jardim de delícias.

Depois de ler este livro, duvido que algum jovem ainda seja capaz de dizer, sinceramente, que não curte ler. E, para não ficar achando que só gosta deste livro, que leia os outros do autor. Aposto que, em sua maioria, os novos leitores vão se viciar em livro e sair procurando outros textos, de outros autores. Com vontade de, um dia, chegar a escrever assim. Quem sabe? O Verissimo nunca pensou que ia ser escritor quando crescesse. Seu negócio era mesmo um bom solo de saxofone, instrumento em que ainda arrasa, escondido. Mas com essa história de ser músico, desenvolveu tanto o ouvido que acabou assim: hoje ele ouve (e conta pra nós) até o que pensamos, sentimos e sonhamos em silêncio. Em qualquer idade.

Equívocos

!

A Espada

Uma família de classe média alta. Pai, mulher, um filho de sete anos. É a noite do dia em que o filho fez sete anos. A mãe recolhe os detritos da festa. O pai ajuda o filho a guardar os presentes que ganhou dos amigos. Nota que o filho está quieto e sério, mas pensa: "É o cansaço." Afinal ele passou o dia correndo de um lado para o outro, comendo cachorro-quente e sorvete, brincando com os convidados por dentro e por fora da casa. Tem que estar cansado.

— Quanto presente, hein, filho?

— É.

— E esta espada. Mas que beleza. Esta eu não tinha visto.

— Pai...

— E como pesa! Parece uma espada de verdade. É de metal mesmo. Quem foi que deu?

— Era sobre isso que eu queria falar com você.

O pai estranha a seriedade do filho. Nunca o viu assim. Nunca viu nenhum garoto de sete anos sério assim. Solene assim. Coisa estranha... O filho tira a espada da mão do pai. Diz:

— Pai, eu sou Thunder Boy.

— Thunder Boy?

— Garoto Trovão.

— Muito bem, meu filho. Agora vamos pra cama.

— Espere. Esta espada. Estava escrito. Eu a receberia quando fizesse sete anos.

O pai se controla para não rir. Pelo menos a leitura de história em quadrinhos está ajudando a gramática do guri. "Eu a receberia..." O guri continua.

— Hoje ela veio. É um sinal. Devo assumir meu destino. A espada passa a um novo Thunder Boy a cada geração. Tem sido assim desde que ela caiu do céu, no vale sagrado de Bem Tael, há sete mil anos, e foi empunhada por Ramil, o primeiro Garoto Trovão.

O pai está impressionado. Não reconhece a voz do filho. E a gravidade do seu olhar. Está decidido. Vai cortar as histórias em quadrinhos por uns tempos.

— Certo, filho. Mas agora vamos...

— Vou ter que sair de casa. Quero que você explique à mamãe. Vai ser duro para ela. Conto com você para apoiá-la. Diga que estava escrito. Era o meu destino.

— Nós nunca mais vamos ver você? — pergunta o pai, resolvendo entrar no jogo do filho enquanto o encaminha, sutilmente, para a cama.

— Claro que sim. A espada do Thunder Boy está a serviço do bem e da justiça. Enquanto vocês forem pessoas boas e justas poderão contar com a minha ajuda.

— Ainda bem — diz o pai.

E não diz mais nada. Porque vê o filho dirigir-se para a janela do seu quarto, e erguer a espada como uma cruz, e gritar para os céus "Ramil!". E ouve um trovão que faz estremecer a casa. E vê a espada iluminar-se e ficar azul. E o seu filho também.

O pai encontra a mulher na sala. Ela diz:

— Viu só? Trovoada. Vá entender este tempo.

— Quem foi que deu a espada pra ele?

— Não foi você? Pensei que tivesse sido você.

— Tenho uma coisa pra te contar.

— O que é?

— Senta, primeiro.

O Marajá

A família toda ria de dona Morgadinha e dizia que ela estava sempre esperando a visita do Marajá de Jaipur. Dona Morgadinha não podia ver uma coisa fora do lugar, uma ponta de poeira em seus móveis ou uma mancha em seus vidros e cristais. Gemia baixinho quando alguém esquecia um sapato no corredor, uma toalha no quarto ou — ai, ai, ai — uma almofada torta no sofá da sala. Baixinha, resoluta, percorria a casa com uma flanela na mão, o olho vivo contra qualquer incursão do pó, da cinza, do inimigo nos seus domínios.

Dona Morgadinha era uma alma simples. Não lia jornal, não lia nada. Achava que jornal sujava os dedos e livro juntava mofo e bichos. O marido de dona Morgadinha, que ela amava com devoção apesar do seu hábito de limpar a orelha com uma tampa de caneta Bic, estabelecera um limite para sua compulsão de limpeza. Ela não podia entrar na sua biblioteca. Sua jurisdição acabava na porta. Ali dentro só ele podia limpar, e nunca limpava. E, nas raras vezes em que dona Morgadinha chegava à porta do escritório proibido para falar com o marido, este fazia questão de desafiá-la. Botava os pés em cima dos móveis. Atirava os sapatos longe. Uma vez chegara a tirar uma meia e jogar em cima da lâmpada só para ver a cara da mulher. Sacudia a ponta do charuto sobre um cinzeiro cheio e errava deliberadamente o alvo. Dona Morgadinha então fechava os olhos e, incapaz de se controlar, lustrava com a sua flanela o trinco da porta.

O marido de dona Morgadinha contava, entre divertido e horrorizado, da vez que levara a mulher a uma recepção diplomática.

— Percorremos a fila de recepção, e quando vi a Morgadinha estava sendo apresentada ao embaixador. O embaixador se curvou, fez uma reverência, e de repente a Morgadinha levou a mão e tirou um fio de cabelo da lapela do embaixador!

— Não pude resistir — explicava dona Morgadinha, séria, entre as risadas dos outros.

— E ainda deu uma espanada, com a mão, no seu ombro.

— Caspa — suspirava dona Morgadinha, desiludida com o corpo diplomático.

Quis o destino que os filhos de dona Morgadinha puxassem pelo pai no relaxamento e na irreverência. Todos os três.

— Meu filho, aí não é lugar de deixar os livros da escola.

— *Qual é*, mãe? Está esperando o Marajá?

— Minha filha, a sala não é lugar de cortar as unhas.

— Ih, hoje é dia do Marajá chegar.

— Oscar, na mesa?!

— Quando o Marajá vier almoçar, eu prometo que não faço isto.

Certa manhã bateram à porta. Dona Morgadinha, que comandava a faxina diária da casa com severidade militar, fez sinal para as empregadas de que ela mesma iria abrir. Na porta estava um homem moreno, de terno, gravata — e turbante! Dona Morgadinha, que uma vez brigara com o carteiro porque a sua calça estava sem friso, olhou o homem de alto a baixo e não encontrou o que dizer.

— Dona Morgadinha?

— Sim.

— Meu amo manda o seu cartão e pede permissão para vir visitá-la às cinco.

Dona Morgadinha olhou o cartão que o homem lhe entregara. Ali estava, com todas as letras douradas, "Marajá de Jaipur". Não conseguiu falar. Fez que sim com a cabeça, desconcertada. O homem fez uma mesura e desapareceu antes que dona Morgadinha recuperasse a fala.

As empregadas receberam ordens de recomeçar a faxina, do princípio. Dona Morgadinha anunciou para a família que naquele dia não haveria almoço. Não queria cheiro de comida na casa. E era bom todos saírem para a rua até a noite, para não haver perigo de deslocarem as almofadas. Pai e filhos se entreolharam e concordaram:

— O Marajá vem hoje.

Dona Morgadinha apenas sorriu. E estava com o mesmo sorriso quando o marido e os filhos chegaram em casa à noite, depois de comerem um *cheeseburger* na esquina, fazendo bastante barulho e manchando a roupa. Dona Morgadinha não contou para ninguém da visita do Marajá. Do seu terno branco, do rubi no seu turbante, da sua barba grisalha e distinta. E da conversa que tinham tido, das cinco às sete, sozinhos, entre goles de chá e mordiscadas em sanduíches de aspargo, sobre coisas distantes, sobre o linho e o mármore e a purificação dos espíritos. Naquela noite o marido de dona Morgadinha surpreendeu a mulher com o olhar perdido na frente do espelho. Ela estava tão distraída que foi para a cama sem escovar as unhas, usar o colírio e rearrumar os armários, como fazia sempre.

O Marajá combinou com dona Morgadinha que voltaria dois dias depois, à mesma hora. Estes dois dias dona Morgadinha passou sentada, sem notar nada, esquecida até da sua flanela. O filho mais velho chegou a trazer um vira-lata da rua para fazer xixi no pé da poltrona, mas não conseguiu despertar dona Morgadinha do seu devaneio.

Depois de duas semanas de visitas constantes do Marajá e do mais absoluto descaso de dona Morgadinha pela higiene da família e da casa, o marido resolveu que já era demais. Procurou o seu amigo Turcão, que era árabe e tinha cara de hindu e que ele contratara para se fingir de Marajá e fazer uma brincadeira com a mulher, e disse que era hora de acabar com a brincadeira. Turcão, meio sem jeito, disse que com ele tudo bem, mas dona Morgadinha...

— O quê? — quis saber o marido, desconfiado...

— Ela levou a sério. Está falando até em fugir comigo e ir morar no meu palácio em Jaipur. Negócio chato. Acho melhor contar a verdade para ela e...

Mas o marido de dona Morgadinha percebeu o que fizera. E percebeu que com as almas simples não se brinca. Se descobrisse que fora enganada, dona Morgadinha era capaz de se matar, engolindo detergente. Não, não. Ela não merecia aquilo. Compungido, o marido pediu ao Turcão que continuasse a visitar a mulher. Mas tentasse desiludi-la. Dando um arroto. Sei lá.

O Homem Trocado

O homem acorda da anestesia e olha em volta. Ainda está na sala de recuperação. Há uma enfermeira do seu lado. Ele pergunta se foi tudo bem.

— Tudo perfeito — diz a enfermeira, sorrindo.

— Eu estava com medo desta operação...

— Por quê? Não havia risco nenhum.

— Comigo, sempre há risco. Minha vida tem sido uma série de enganos...

E conta que os enganos começaram com seu nascimento. Houve uma troca de bebês no berçário e ele foi criado até os dez anos por um casal de orientais, que nunca entenderam o fato de terem um filho claro com olhos redondos. Descoberto o erro, ele fora viver com seus verdadeiros pais. Ou com sua verdadeira mãe, pois o pai abandonara a mulher depois que esta não soubera explicar o nascimento de um bebê chinês.

— E o meu nome? Outro engano.

— Seu nome não é Lírio?

— Era para ser Lauro. Se enganaram no cartório e...

Os enganos se sucediam. Na escola, vivia recebendo castigo pelo que não fazia. Fizera o vestibular com sucesso, mas não conseguira entrar na universidade. O computador se enganara, seu nome não apareceu na lista.

— Há anos que a minha conta do telefone vem com cifras incríveis. No mês passado tive que pagar mais de R$ 3 mil.

— O senhor não faz chamadas interurbanas?

— Eu não tenho telefone!

Conhecera sua mulher por engano. Ela o confundira com outro. Não foram felizes.

— Por quê?

— Ela me enganava.

Fora preso por engano. Várias vezes. Recebia intimações para pagar dívidas que não fazia. Até tivera uma breve, louca alegria, quando ouvira o médico dizer:

— O senhor está desenganado.

Mas também fora um engano do médico. Não era tão grave assim. Uma simples apendicite.

— Se você diz que a operação foi bem...

A enfermeira parou de sorrir.

— Apendicite? — perguntou, hesitante.

— É. A operação era para tirar o apêndice.

— Não era para trocar de sexo?

Suflê de Chuchu

Houve uma grande comoção em casa com o primeiro telefonema da Duda, a pagar, de Paris. O primeiro telefonema desde que ela embarcara, mochila nas costas (a Duda, que em casa não levantava nem a sua roupa do chão!), na Varig, contra a vontade do pai e da mãe. Você nunca saiu de casa sozinha, minha filha! Você não sabe uma palavra de francês! Vou e pronto. E fora. E agora, depois de semanas de aflição, de "onde anda essa menina?", de "você não devia ter deixado, Eurico!", vinha o primeiro sinal de vida. Da Duda, de Paris.

— Minha filha...

— Não posso falar muito, mãe. Como é que se faz café?

— O quê?

— Café, café. Como é que se faz?

— Não sei, minha filha. Com água, com... Mas onde é que você está, Duda?

— Estou trabalhando de "au pair" num apartamento. Ih, não posso falar mais. Eles estão chegando. Depois eu ligo. Tchau!

O pai quis saber detalhes. Onde ela estava morando?

— Falou alguma coisa sobre "opér".

— Deve ser "operá". O francês dela não melhorou...

Dias depois, outra ligação. Apressada como a primeira. A Duda queria saber como se mudava fralda. Por um momento, a mãe teve um pensamento louco. A Duda teve um filho de um francês! Não, que bobagem, não dava tempo. Por que você quer saber, minha filha?

— Rápido, mãe. A criança tá borrada!

Ninguém em casa podia imaginar a Duda trocando fraldas. Ela, que tinha nojo quando o irmão menor espirrava.

— Pobre criança... — comentou o pai.

Finalmente, um telefonema sem pressa da Duda. Os patrões tinham saído, o cagão estava dormindo, ela podia contar o que estava lhe acontecendo. "Au pair" era empregada, faz-tudo. E ela fazia tudo na casa. A princípio tivera alguma dificuldade com os aparelhos. Nunca notara antes, por exemplo, que o aspirador de pó precisava ser ligado numa tomada. Mas agora estava uma opér "formidable". E Duda enfatizara a pronúncia francesa. "Formidable." Os patrões a adoravam. E ela prometera que na semana seguinte prepararia uma autêntica feijoada brasileira para eles e alguns amigos.

— Mas, Duda, você sabe fazer feijoada?

— Era sobre isso que eu queria falar com você, mãe. Pra começar, como é que se faz arroz?

A mãe mal pôde esperar o telefonema que a Duda lhe prometera, no dia seguinte ao da feijoada.

— Como foi, minha filha. Conta!

— Formidable! Um sucesso. Para o próximo jantar, vou preparar aquela sua moqueca.

— Pegue o peixe... — começou a mãe, animadíssima.

A moqueca também foi um sucesso. Duda contou que uma das amigas da sua patroa fora atrás dela, na cozinha, e cochichara uma proposta no seu ouvido: o dobro do que ela ganhava ali para ser opér na sua casa. Pelo menos fora isso que ela entendera. Mas Duda não pretendia deixar seus patrões. Eles eram uns amores. Iam ajudá-la a regularizar a sua situação na França. Daquele jeito, disse Duda a sua mãe, ela tão cedo não voltava ao Brasil.

É preciso compreender, portanto, o que se passava no coração da mãe quando a Duda telefonou para saber como era a sua receita de suflê de chuchu. Quase não usavam o chuchu na França, e a Duda dissera a seus patrões que suflê de chuchu era um prato típico brasileiro e sua receita era passada de geração a geração na floresta onde o chuchu, inclusive, era considerado afrodisíaco. Coração de mãe é um pouco como as Caraíbas. Ventos se cruzam, correntes se chocam, é uma área de tumultos naturais. A própria dona daquele coração não saberia descrever os vários impulsos que o percorreram no segundo que precedeu sua decisão de dar à filha a receita errada, a receita de um fracasso. De um lado o desejo de que a filha fizesse bonito e também — por que não admitir? — uma certa curiosidade com a repercussão do seu suflê de chuchu na terra, afinal, dos suflês, do outro o medo de que a filha nunca mais voltasse, que a Duda se consagrasse como a melhor opér da Europa e não voltasse nunca mais. Todo o destino num suflê. A mãe deu a receita errada. Com o coração apertado. Proporções grotescamente deformadas. A receita de uma bomba.

Passaram-se dias, semanas, sem uma notícia da Duda. A mãe imaginando o pior. Casais intoxicados. Jantar em Paris acaba no hospital. Brasileira presa. Prato selvagem enluta famílias, receita infernal atribuída à mãe de trabalhadora clandestina, Interpol mobilizada. Ou imaginando a chegada de Duda em casa, desiludida com sua aventura parisiense, sua carreira de opér encerrada sem glória, mas pronta para tentar outra vez o vestibular.

O que veio foi outro telefonema da Duda, um mês depois. Apressada de novo. No fundo, o som de bongôs e maracas.

— Mãe, pergunta pro pai como é a letra de Cubanacã!

— Minha filha...

— Pergunta, é do tempo dele. Rápido que eu preciso pro meu número.

Também houve um certo conflito no coração do pai, quando ouviu a pergunta. Arrá, ela sempre fizera pouco do seu gosto musical e agora precisava dele. Mas o segundo impulso venceu:

— Diz pra essa menina voltar pra casa. JÁ!

Sozinhos

Esta ideia para um conto de terror é tão terrível que, logo depois de tê-la, me arrependi. Mas já estava tida, não adiantava mais. Você, leitor, no entanto, tem uma escolha. Pode parar aqui, e se poupar, ou ler até o fim e provavelmente nunca mais dormir. Vejo que decidiu continuar. Muito bem, vamos em frente. Talvez, posta no papel, a ideia perca um pouco do seu poder de susto. Mas não posso garantir nada. É assim:

Um casal de velhos mora sozinho numa casa. Já criaram os filhos, os netos já estão grandes, só lhes resta implicar um com o outro. Retomam com novo fervor uma discussão antiga. Ela diz que ele ronca quando dorme, ele diz que é mentira.

— Ronca.

— Não ronco.

— Ele diz que não ronca — comenta ela, impaciente, como se falasse com uma terceira pessoa.

Mas não existe outra pessoa na casa. Os filhos raramente visitam. Os netos, nunca. A empregada vem de manhã, faz o almoço, deixa o jantar e sai cedo. Ficam os dois sozinhos.

— Eu devia gravar os seus roncos, pra você se convencer — diz ela. E em seguida tem a ideia infeliz. — É o que eu vou fazer! Esta noite, quando você dormir, vou ligar o gravador e gravar os seus roncos.

— Humrfm — diz o velho.

Você, leitor, já deve estar sentindo o que vai acontecer. Pare de ler, leitor. Eu não posso parar de escrever. As ideias não podem ser desperdiçadas, mesmo que nos custem amigos, a vida ou o sono. Imagine se Shakespeare tivesse se horrorizado com suas próprias ideias e deixado de escrevê-las, por puro comedimento. Não que eu queira me comparar a Shakespeare. Shakespeare era bem mais magro. Tenho que exercer este ofício, esta danação. Você, no entanto, não é obrigado a me acompanhar, leitor. Vá passear, vá tomar um sol. Uma das maneiras de controlar a demência solta no mundo é deixar os escritores falando sozinhos, exercendo sozinhos a sua profissão malsã, o seu vício solitário. Você ainda está lendo. Você é pior do que eu, leitor. Você tinha escolha.

Sozinhos. Os velhos sozinhos na casa. Os dois vão para a cama. Quando o velho dorme, a velha liga o gravador. Mas em poucos minutos a velha também dorme. O gravador fica ligado, gravando. Pouco depois a fita acaba.

Na manhã seguinte, certa do seu triunfo, a velha roda a fita. Ouvem-se alguns minutos de silêncio. Depois, alguém roncando.

— Rarrá! — diz a velha, feliz.

Pouco depois ouve-se o ronco de outra pessoa, a velha também ronca!

— Rarrá! — diz o velho, vingativo.

E em seguida, por cima do contraponto de roncos, ouve-se um sussurro. Uma voz sussurrando, leitor. Uma voz indefinida. Pode ser de homem, de mulher ou de criança. A princípio — por causa dos roncos — não se distingue o que ela diz. Mas aos poucos as palavras vão ficando claras. São duas vozes. É um diálogo sussurrado.

"Estão prontos?"

"Não, acho que ainda não..."

"Então vamos voltar amanhã..."

A Foto

Foi numa festa de família, dessas de fim de ano. Já que o bisavô estava morre não morre, decidiram tirar uma fotografia de toda a família reunida, talvez pela última vez. A bisa e o bisa sentados, filhos, filhas, noras, genros e netos em volta, bisnetos na frente, esparramados pelo chão. Castelo, o dono da câmara, comandou a pose, depois tirou o olho do visor e ofereceu a câmara a quem ia tirar a fotografia. Mas quem ia tirar a fotografia?

— Tira você mesmo, ué.

— Ah, é? E eu não saio na foto?

O Castelo era o genro mais velho. O primeiro genro. O que sustentava os velhos. Tinha que estar na fotografia.

— Tiro eu — disse o marido da Bitinha.

— Você fica aqui — comandou a Bitinha.

Havia uma certa resistência ao marido da Bitinha na família. A Bitinha, orgulhosa, insistia para que o marido reagisse. "Não deixa eles te humilharem, Mário Cesar", dizia sempre. O Mário Cesar ficou firme onde estava, do lado da mulher. A própria Bitinha fez a sugestão maldosa:

— Acho que quem deve tirar é o Dudu...

O Dudu era o filho mais novo de Andradina, uma das noras, casada com o Luiz Olavo. Havia a suspeita, nunca claramente anunciada, de que não fosse filho do Luiz Olavo. O Dudu se prontificou a tirar a fotografia, mas a Andradina segurou o filho.

— Só faltava essa, o Dudu não sair.

E agora?

— Pô, Castelo. Você disse que essa câmara só faltava falar. E não tem nem *timer*!

O Castelo impávido. Tinham ciúmes dele. Porque ele tinha um Santana do ano. Porque comprara a câmara num *duty free* da Europa. Aliás, o apelido dele entre os outros era "Dutifri", mas ele não sabia.

— Revezamento — sugeriu alguém. — Cada genro bate uma foto em que ele não aparece, e...

A ideia foi sepultada em protestos. Tinha que ser toda a família reunida em volta da bisa. Foi quando o próprio bisa se ergueu, caminhou decididamente até o Castelo e arrancou a câmara da sua mão.

— Dá aqui.

— Mas seu Domício...

— Vai pra lá e fica quieto.

— Papai, o senhor tem que sair na foto. Senão não tem sentido!

— Eu fico implícito — disse o velho, já com o olho no visor.

E antes que houvesse mais protestos, acionou a câmara, tirou a foto e foi dormir.

Outros Tempos

!

A Bola

O pai deu uma bola de presente ao filho. Lembrando o prazer que sentira ao ganhar a sua primeira bola do pai. Uma número 5 sem tento oficial de couro. Agora não era mais de couro, era de plástico. Mas era uma bola.

O garoto agradeceu, desembrulhou a bola e disse "Legal!". Ou o que os garotos dizem hoje em dia quando gostam do presente ou não querem magoar o velho. Depois começou a girar a bola, à procura de alguma coisa.

— Como é que liga? — perguntou.

— Como, como é que liga? Não se liga.

O garoto procurou dentro do papel de embrulho.

— Não tem manual de instrução?

O pai começou a desanimar e a pensar que os tempos são outros. Que os tempos são decididamente outros.

— Não precisa manual de instrução.

— O que é que ela faz?

— Ela não faz nada. Você é que faz coisas com ela.

— O quê?

— Controla, chuta...

— Ah, então é uma bola.

— Claro que é uma bola.

— Uma bola, bola. Uma bola mesmo.

— Você pensou que fosse o quê?

— Nada, não.

O garoto agradeceu, disse "Legal" de novo, e dali a pouco o pai o encontrou na frente da tevê, com a bola nova do lado, manejando os controles de um videogame. Algo chamado *Monster Ball*, em que times de monstrinhos disputavam a posse de uma bola em forma de *blip* eletrônico na tela ao mesmo tempo que tentavam se destruir mutuamente. O garoto era bom no jogo. Tinha coordenação e raciocínio rápido. Estava ganhando da máquina.

O pai pegou a bola nova e ensaiou algumas embaixadas. Conseguiu equilibrar a bola no peito do pé, como antigamente, e chamou o garoto.

— Filho, olha.

O garoto disse "Legal" mas não desviou os olhos da tela. O pai segurou a bola com as mãos e a cheirou, tentando recapturar mentalmente o cheiro de couro. A bola cheirava a nada. Talvez um manual de instrução fosse uma boa ideia, pensou. Mas em inglês, para a garotada se interessar.

História Estranha

Um homem vem caminhando por um parque quando de repente se vê com sete anos de idade. Está com quarenta, quarenta e poucos. De repente dá com ele mesmo chutando uma bola perto de um banco onde está a sua babá fazendo tricô. Não tem a menor dúvida de que é ele mesmo. Reconhece a sua própria cara, reconhece o banco e a babá. Tem uma vaga lembrança daquela cena. Um dia ele estava jogando bola no parque quando de repente aproximou-se um homem e... O homem aproxima-se dele mesmo. Ajoelha-se, põe as mãos nos seus ombros e olha nos seus olhos. Seus olhos se enchem de lágrimas. Sente uma coisa no peito. Que coisa é a vida. Que coisa pior ainda é o tempo. Como eu era inocente. Como meus olhos eram limpos. O homem tenta dizer alguma coisa, mas não encontra o que dizer. Apenas abraça a si mesmo, longamente. Depois sai caminhando, chorando, sem olhar para trás.

O garoto fica olhando para a sua figura que se afasta. Também se reconheceu. E fica pensando, aborrecido: quando eu tiver quarenta, quarenta e poucos anos, como eu vou ser sentimental!

Vivendo e...

Eu sabia fazer pipa e hoje não sei mais. Duvido que se hoje pegasse uma bola de gude conseguisse equilibrá-la na dobra do dedo indicador sobre a unha do polegar, quanto mais jogá-la com a precisão que tinha quando era garoto. Outra coisa: acabo de procurar no dicionário, pela primeira vez, o significado da palavra "gude". Quando era garoto nunca pensei nisso, eu sabia o que era gude. Gude era gude.

Juntando-se as duas mãos de um determinado jeito, com os polegares para dentro, e assoprando pelo buraquinho, tirava-se um silvo bonito que inclusive variava de tom conforme o posicionamento das mãos. Hoje não sei mais que jeito é esse. Eu sabia a fórmula de fazer cola caseira. Algo envolvendo farinha e água e muita confusão na cozinha, de onde éramos expulsos sob ameaças. Hoje não sei mais. A gente começava a contar depois de ver um relâmpago e o número a que chegasse quando ouvia a trovoada, multiplicado por outro número, dava a distância exata do relâmpago. Não me lembro mais dos números.

Ainda no terreno dos sons: tinha uma folha que a gente dobrava e, se ela rachasse de um certo jeito, dava um razoável pistom em miniatura. Nunca mais encontrei a tal folha. E espremendo-se a mão entre o braço e o corpo, claro, tinha-se o chamado trombone axilar, que muito perturbava os mais velhos. Não consigo mais tirar o mesmo som. É verdade que não tenho tentado com muito empenho, ainda mais com o país na situação em que está.

Lembro o orgulho com que consegui, pela primeira vez, cuspir corretamente pelo espaço adequado entre os dentes de cima e a ponta da língua de modo que o cuspe ganhasse distância e pudesse ser mirado. Com prática, conseguia-se controlar a trajetória elíptica da cusparada com uma mínima margem de erro. Era puro instinto. Hoje o mesmo feito requereria complicados cálculos de balística, e eu provavelmente só acertaria a frente da minha camisa. Outra habilidade perdida.

Na verdade, deve-se revisar aquela antiga frase. É vivendo e desaprendendo. Não falo daquelas coisas que deixamos de fazer porque não temos mais as condições físicas e a coragem de antigamente, como subir em bonde andando — mesmo porque não há mais bondes andando. Falo da sabedoria desperdiçada, das artes que nos abandonaram. Algumas até úteis. Quem nunca desejou ainda ter o cuspe certeiro de garoto para acertar em algum alvo contemporâneo, bem no olho, e depois sair correndo? Eu já.

Adolescência

O apelido dele era "Cascão" e vinha da infância. Uma irmã mais velha descobrira uma mancha escura que subia pela sua perna e que a mãe, apreensiva, a princípio atribuiu a uma doença de pele. Em seguida descobriu que era sujeira mesmo.

— Você não toma banho, menino?

— Tomo, mãe.

— E não se esfrega?

Aquilo já era pedir demais. E a verdade é que muitas vezes seus banhos eram representações. Ele fechava a porta do banheiro, ligava o chuveiro, forte, para que a mãe ouvisse o barulho, mas não entrava no chuveiro. Achava que dois banhos por semana era o máximo de que uma pessoa sensata precisava. Mais do que isso era mania.

O apelido pegou e, mesmo na sua adolescência, eram frequentes as alusões familiares à sua falta de banho. Ele as aguentava estoicamente. Caluniadores não mereciam resposta. Mas um dia reagiu.

— Sujo, não.

— Ah, é? — disse a irmã. — E isto o que é?

Com o dedo ela levantara do seu braço um filete de sujeira.

— Rosquinha não vale.

— Como não vale?

— Rosquinha, qualquer um.

Entusiasmado com a própria tese, continuou:

— Desafio qualquer um nesta casa a fazer o teste da rosquinha!

A irmã, que tomava dois banhos por dia, o que ele classificava de exibicionismo, aceitou o desafio. Ele advertiu que passar o dedo, só, não bastava. Tinha que passar com decisão. E, realmente, o dedo levantou, da dobra do braço da irmã, uma rosquinha, embora ínfima, de sujeira.

— Viu só — disse ele, triunfante. — E digo mais: ninguém no mundo está livre de uma rosquinha.

— Ah, essa não. No mundo?

Manteve a tese.

— Ninguém.

— A rainha Juliana?

— Rosquinha. No pé. Batata.

No dia seguinte, no entanto, a irmã estava preparada para derrubar a sua defesa.

— Cascão... — disse simplesmente. — A Catherine Deneuve.

Ele hesitou. Pensou muito. Depois concedeu. A Catherine Deneuve, realmente, não. A irmã, sadicamente, ainda fingiu que queria ajudar.

— Quem sabe atrás da orelha?

— Não, não — disse o Cascão tristemente, renunciando à sua tese. — A Catherine Deneuve, nem atrás da orelha.

*

Já o Jander tinha quatorze anos, a cara cheia de espinhas e como se não bastasse isso, inventou de estudar violino.

— Violino?! — horrorizou-se a família.

— É.

— Mas Jander...

— Olha que eu tenho um ataque.

Sempre que era contrariado, o Jander se atirava no chão e começava a espernear. Compraram um violino para ele.

O Jander dedicou-se ao violino obsessivamente. Ensaiava dia e noite. Trancava-se no quarto para ensaiar. Mas o som do violino atravessava portas e paredes. O som do violino se espalhava pela vizinhança.

Um dia a porta do quarto do Jander se abriu e entrou uma moça com um copo de leite.

— Quié? — disse o Jander, antipático como sempre.

— Sua mãe disse que é para você tomar este leite. Você quase não jantou.

— Quem é você?

— A nova empregada.

Seu nome era Vandirene. Na quadra de ensaios da escola era conhecida como "Vandeca Furacão".

Ela botou o copo de leite sobre a mesa de cabeceira, mas não saiu do quarto. Disse:

— Bonito, seu violino.

E depois:

— Me mostra como se segura?

Depois a vizinhança suspirou aliviada. Não se ouviu mais o som do violino aquela noite.

O pai de Jander reuniu-se com os vizinhos.

— Parece que deu certo.

— É.

— Não vão esquecer o nosso trato.

— Pode deixar.

No fim do mês todos se cotizariam para pagar o salário da Vandirene. A mãe do Jander não ficou muito contente. Pobre do menino. Tão moço. Mas era a Vandirene ou o violino.

— E outra coisa — argumentou o pai do Jander. — Vai curar as espinhas.

De Olho na Linguagem

!

Sexa

— Pai...

— Hmmm?

— Como é o feminino de sexo?

— O quê?

— O feminino de sexo.

— Não tem.

— Sexo não tem feminino?

— Não.

— Só tem sexo masculino?

— É. Quer dizer, não. Existem dois sexos. Masculino e feminino.

— E como é o feminino de sexo?

— Não tem feminino. Sexo é sempre masculino.

— Mas tu mesmo disse que tem sexo masculino e feminino.

— O sexo pode ser masculino ou feminino. A palavra "sexo" é masculina. O sexo masculino, o sexo feminino.

— Não devia ser "a sexa"?

— Não.

— Por que não?

— Porque não! Desculpe. Porque não. "Sexo" é sempre masculino.

— O sexo da mulher é masculino?

— É. Não! O sexo da mulher é feminino.

— E como é o feminino?

— Sexo mesmo. Igual ao do homem.

— O sexo da mulher é igual ao do homem?

— É. Quer dizer... Olha aqui. Tem o sexo masculino e o sexo feminino, certo?

— Certo.

— São duas coisas diferentes.

— Então como é o feminino de sexo?

— É igual ao masculino.

— Mas não são diferentes?

— Não. Ou, são! Mas a palavra é a mesma. Muda o sexo, mas não muda a palavra.

— Mas então não muda o sexo. É sempre masculino.

— A *palavra* é masculina.

— Não. "A palavra" é feminino. Se fosse masculina seria "o pal..."

— Chega! Vai brincar, vai.

O garoto sai e a mãe entra. O pai comenta:

— Temos que ficar de olho nesse guri...

— Por quê?

— Ele só pensa em gramática.

Pá, Pá, Pá

A americana estava há pouco tempo no Brasil. Queria aprender o português depressa, por isto prestava muita atenção em tudo que os outros diziam. Era daquelas americanas que prestam muita atenção.

Achava curioso, por exemplo, o "pois é". Volta e meia, quando falava com brasileiros, ouvia o "pois é". Era uma maneira tipicamente brasileira de não ficar quieto e ao mesmo tempo não dizer nada. Quando não sabia o que dizer, ou sabia mas tinha preguiça, o brasileiro dizia "pois é". Ela não aguentava mais o "pois é".

Também tinha dificuldade com o "pois sim" e o "pois não". Uma vez quis saber se podia me perguntar uma coisa.

— Pois não — disse eu, polidamente.

— É exatamente isso! O que quer dizer "pois não"?

— Bom. Você me perguntou se podia fazer uma pergunta. Eu disse "pois não". Quer dizer, "pode, esteja à vontade, estou ouvindo, estou às suas ordens..."

— Em outras palavras, quer dizer "sim".

— É.

— Então por que não se diz "pois sim"?

— Porque "pois sim" quer dizer "não".

— O quê?!

— Se você disser alguma coisa que não é verdade, com a qual eu não concordo, ou acho difícil de acreditar, eu digo "pois sim".

— Que significa "pois não"?

— Sim. Isto é, não. Porque "pois não" significa "sim".

— Por quê?

— Porque o "pois", no caso, dá o sentido contrário, entende? Quando se diz "pois não", está-se dizendo que seria impossível, no caso, dizer "não". Seria inconcebível dizer "não". Eu dizer não? Aqui, ó.

— Onde?

— Nada. Esquece. Já "pois sim" quer dizer "ora, sim!". "Ora se eu vou aceitar isso." "Ora, não me faça rir. Rá, rá, rá."

— "Pois" quer dizer "ora"?

— Ahn... Mais ou menos.

— Que língua!

Eu quase disse: "E vocês, que escrevem 'tough' e dizem 'tâf'?", mas me contive. Afinal, as intenções dela eram boas. Queria aprender. Ela insistiu:

— Seria mais fácil não dizer o "pois".

Eu já estava com preguiça.

— Pois é.

— Não me diz "pois é"!

Mas o que ela não entendia mesmo era o "pá, pá, pá".

— Qual o significado exato de "pá, pá, pá".

— Como é?

— "Pá, pá, pá".

— "Pá" é pá. "Shovel". Aquele negócio que a gente pega assim e...

— "Pá" eu sei o que é. Mas "pá" três vezes?

— Onde foi que você ouviu isso?

— É a coisa que eu mais ouço. Quando brasileiro começa a contar história, sempre entra o "pá, pá, pá".

Como que para ilustrar nossa conversa, chegou-se a nós, providencialmente, outro brasileiro. E um brasileiro com história:

— Eu estava ali agora mesmo, tomando um cafezinho, quando chega o Túlio. Conversa vai, conversa vem e coisa e tal e pá, pá, pá...

Eu e a americana nos entreolhamos.

— Funciona como reticências — sugeri eu. — Significa, na verdade, três pontinhos. "Ponto, ponto, ponto."

— Mas por que "pá" e não "pó"? Ou "pi" ou "pu"? Ou "etcétera"?

Me controlei para não dizer — "E o problema dos negros nos Estados Unidos?".

Ela continuou:

— E por que tem que ser três vezes?

— Por causa do ritmo. "Pá, pá, pá." Só "pá, pá" não dá.

— E por que "pá"?

— Porque sei lá — disse, didaticamente.

O outro continuava sua história. História de brasileiro não se interrompe facilmente.

— E aí o Túlio com uma lengalenga que vou te contar. Porque pá, pá, pá...

— É uma expressão utilitária — intervim. — Substitui várias palavras (no caso toda a estranha história do Túlio, que levaria muito tempo para contar) por apenas três. É um símbolo de garrulice vazia, que não merece ser reproduzida. São palavras que...

— Mas não são palavras. São só barulhos. "Pá, pá, pá."

— Pois é — disse eu.

Ela foi embora, com a cabeça alta. Obviamente desistira dos brasileiros. Eu fui para o outro lado. Deixamos o amigo do Túlio papeando sozinho.

Defenestração

Certas palavras têm o significado errado. *Falácia*, por exemplo, devia ser o nome de alguma coisa vagamente vegetal. As pessoas deveriam criar falácias em todas as suas variedades. A Falácia Amazônica. A misteriosa Falácia Negra.

Hermeneuta deveria ser o membro de uma seita de andarilhos herméticos. Aonde eles chegassem, tudo se complicaria.

— Os hermeneutas estão chegando!

— Ih, agora é que ninguém vai entender mais nada...

Os hermeneutas ocupariam a cidade e paralisariam todas as atividades produtivas com seus enigmas e frases ambíguas. Ao se retirarem deixariam a população prostrada pela confusão. Levaria semanas até que as coisas recuperassem o seu sentido óbvio. Antes disso, tudo pareceria ter um sentido oculto.

— Alô...

— O que é que você quer dizer com isso?

Traquinagem devia ser uma peça mecânica.

— Vamos ter que trocar a traquinagem. E o vetor está gasto.

Plúmbeo devia ser o barulho que um corpo faz ao cair na água.

Mas nenhuma palavra me fascinava tanto quanto *defenestração*.
A princípio foi o fascínio da ignorância. Eu não sabia o seu significado, nunca me lembrava de procurar no dicionário e imaginava coisas. Defenestrar devia ser um ato exótico praticado por poucas pessoas. Tinha até um certo tom lúbrico. Galanteadores de calçada deviam sussurrar no ouvido das mulheres:

— Defenestras?

A resposta seria um tapa na cara. Mas algumas... Ah, algumas defenestravam.

Também podia ser algo contra pragas e insetos. As pessoas talvez mandassem defenestrar a casa. Haveria, assim, defenestradores profissionais.

Ou quem sabe seria uma daquelas misteriosas palavras que encerravam os documentos formais? "Nestes termos, pede defenestração..." Era uma palavra cheia de implicações. Devo até tê-la usado uma ou outra vez, como em:

— Aquele é um defenestrado.

Dando a entender que era uma pessoa, assim, como dizer? Defenestrada. Mesmo errada, era a palavra exata.

Um dia, finalmente, procurei no dicionário. E aí está o Aurelião que não me deixa mentir. "Defenestração" vem do francês "defenestration". Substantivo feminino. Ato de atirar alguém ou algo pela janela.

Ato de atirar alguém ou algo pela janela!

Acabou a minha ignorância mas não a minha fascinação. Um ato como este só tem nome próprio e lugar nos dicionários por alguma razão muito forte. Afinal, não existe, que eu saiba, nenhuma palavra para o ato de atirar alguém ou algo pela porta, ou escada abaixo. Por que, então, defenestração?

Talvez fosse um hábito francês que caiu em desuso. Como o rapé. Um vício como o tabagismo ou as drogas, suprimido a tempo.

— Les defenestrations. Devem ser proibidas.

— Sim; monsieur le Ministre.

— São um escândalo nacional. Ainda mais agora, com os novos prédios.

— Sim, monsieur le Ministre.

— Com prédios de três, quatro andares, ainda era admissível. Até divertido. Mas daí para cima vira crime. Todas as janelas do quarto andar para cima devem ter um cartaz: "Interdit de defenestrer." Os transgressores serão multados. Os reincidentes serão presos.

Na Bastilha, o Marquês de Sade deve ter convivido com notórios *defenestreurs*. E a compulsão, mesmo suprimida, talvez ainda persista no homem, como persiste na sua linguagem. O mundo pode estar cheio de defenestradores latentes.

— É esta estranha vontade de atirar alguém ou algo pela janela, doutor...

— Hmm. O *impulsus defenestrex* de que nos fala Freud. Algo a ver com a mãe. Nada com o que se preocupar — diz o analista, afastando-se da janela.

Quem entre nós nunca sentiu a compulsão de atirar alguém ou algo pela janela? A basculante foi inventada para desencorajar a defenestração. Toda a arquitetura moderna, com suas paredes externas de vidro reforçado e sem aberturas, pode ser uma reação inconsciente a esta volúpia humana, nunca totalmente dominada.

Na lua de mel, numa suíte matrimonial no 17º andar.

— Querida...

— Mmmm?

— Há uma coisa que eu preciso lhe dizer...

— Fala, amor.

— Sou um defenestrador.

E a noiva, em sua inocência, caminha para a cama:

— Estou pronta para experimentar tudo com você. Tudo!

Uma multidão cerca o homem que acaba de cair na calçada. Entre gemidos, ele aponta para cima e balbucia:

— Fui defenestrado...

Alguém comenta:

— Coitado. E depois ainda atiraram ele pela janela!

Agora mesmo me deu uma estranha compulsão de arrancar o papel da máquina, amassá-lo e defenestrar esta crônica. Se ela sair é porque resisti.

Tintim

Durante alguns anos, o tintim me intrigou. Tintim por tintim: o que queria dizer aquilo? Imaginei que fosse alguma misteriosa medida de outros tempos que sobrevivera ao sistema métrico, como a braça, a légua etc. Outro mistério era o triz. Qual a exata definição de um triz? É uma subdivisão de tempo ou de espaço. As coisas deixam de acontecer por um triz, por uma fração de segundo ou de milímetro. Mas que fração? O triz talvez correspondesse a meio tintim, ou o tintim a um décimo de triz. Tanto o tintim quanto o triz pertenceriam ao obscuro mundo das microcoisas. Há quem diga que não existe uma fração mínima de matéria, que tudo pode ser dividido e subdividido. Assim como existe o infinito para fora — isto é, o espaço sem fim, depois que o Universo acaba — existiria o infinito para dentro. A menor fração da menor partícula do último átomo ainda seria formada por dois trizes, e cada triz por dois tintins, e cada tintim por dois trizes, e assim por diante, até a loucura.

Descobri, finalmente, o que significa tintim. É verdade que, se tivesse me dado o trabalho de olhar no dicionário mais cedo, minha ignorância não teria durado tanto. Mas o óbvio, às vezes, é a última coisa que nos ocorre. Está no Aurelião. Tintim, vocábulo onomatopaico que evoca o tinido das moedas. Originalmente, portanto, "tintim por tintim" indicava um pagamento feito minuciosamente, moeda por moeda. Isso no tempo em que as moedas, no Brasil, tiniam, ao contrário de hoje, quando são feitas de papelão e se chocam sem ruído. Numa investigação feita hoje da corrupção no país tintim por tintim ficaríamos tinindo sem parar e chegaríamos a uma nova concepção de infinito.

Tintim por tintim. A menina muito dada namoraria sim-sim por sim-sim. O gordo incontrolável progrediria pela vida quindim por quindim. O telespectador habitual viveria plim-plim por plim-plim. E você e eu vamos ganhando nosso salário tin por tin (olha aí, a inflação já levou dois tins). Resolvido o mistério do tintim, que não é uma subdivisão nem de tempo nem de espaço nem de matéria, resta o triz. O Aurelião não nos ajuda. "Triz", diz ele, significa por pouco. Sim, mas que pouco? Queremos algarismos, vírgulas, zeros, definições para "triz". Substantivo feminino. Popular. "Icterícia." Triz quer dizer icterícia. Ou teremos que mudar todas as nossas teorias sobre o Universo ou teremos que mudar de assunto. Acho melhor mudar de assunto. O Universo já tem problemas demais.

Papos

— Me disseram...

— Disseram-me.

— Hein?

— O correto é "disseram-me". Não "me disseram".

— Eu falo como quero. E te digo mais... Ou é "digo-te"?

— O quê?

— Digo-te que você...

— O "te" e o "você" não combinam.

— Lhe digo?

— Também não. O que você ia me dizer?

— Que você está sendo grosseiro, pedante e chato. E que eu vou te partir a cara. Lhe partir a cara. Partir a sua cara. Como é que se diz?

— Partir-te a cara.

— Pois é. Parti-la hei de, se você não parar de me corrigir. Ou corrigir-me.

— É para o seu bem.

— Dispenso as suas correções. Vê se esquece-me. Falo como bem entender. Mais uma correção e eu...

— O quê?

— O mato.

— Que mato?

— Mato-o. Mato-lhe. Mato você. Matar-lhe-ei-te. Ouviu bem?

— Eu só estava querendo...

— Pois esqueça-o e para-te. Pronome no lugar certo é elitismo!

— Se você prefere falar errado...

— Falo como todo mundo fala. O importante é me entenderem. Ou entenderem-me?

— No caso... não sei.

— Ah, não sabe? Não o sabes? Sabes-lo não?

— Esquece.

— Não. Como "esquece"? Você prefere falar errado? E o certo é "esquece" ou "esqueça"? Ilumine-me. Me diga. Ensines-lo-me, vamos.

— Depende.

— Depende. Perfeito. Não o sabes. Ensinar-me-lo-ias se o soubesses, mas não sabes-o.

— Está bem, está bem. Desculpe. Fale como quiser.

— Agradeço-lhe a permissão para falar errado que mas dás. Mas não posso mais dizer-lo-te o que dizer-te-ia.

— Por quê?

— Porque, com todo este papo, esqueci-lo.

O Jargão

Sou fascinado pela linguagem náutica, embora minha experiência no mar se resuma a algumas passagens em transatlânticos, onde a única linguagem técnica que você precisa saber é "a que horas servem o bufê?". Nunca pisei num veleiro e se pisasse seria para dar vexame na primeira onda. Eu enjoo em escada rolante. Mas, na minha imaginação, sou um marinheiro de todos os calados. Senhor de ventos e de velas e, principalmente, dos especialíssimos nomes da equipagem.

Me imagino no leme do meu grande veleiro, dando ordens à tripulação:

— Recolher a traquineta!

— Largar a vela bimbão, não podemos perder esse Vizeu.

(O Vizeu é um vento que nasce na costa ocidental da África, faz a volta nas Malvinas e nos ataca a bombordo, cheirando a especiarias, carcaças de baleia e, estranhamente, a uma professora que eu tive, no primário.)

— Quebrar o lume da alcatra e baixar a falcatrua.

— Cuidado com a sanfona de Abelardo!

(A sanfona é um perigoso fenômeno que ocorre na vela parruda em certas condições atmosféricas e que, se não contido a tempo, pode decapitar o piloto. Até hoje não encontraram a cabeça do comodoro Abelardo.)

— Cruzar a spínola! Domar a espátula! Montar a sirigaita! Tudo a macambúzio e dois quartos de trela, senão afundamos e o capitão é o primeiro a pular!

— Cortar o cabo de Eustáquio!

Sempre imaginei que poderia escrever uma coluna de economia usando um jargão falso assim, com pseudônimo. Não sei quanto tempo duraria até eu ser descoberto e desmascarado, mas acho que não seria pouco. Não estou dizendo que quem escreve sobre economia não sabe o que está escrevendo, ou se aproveita da ignorância generalizada para enganar. Estou dizendo que a análise econômica é uma arte tão imprecisa que, mesmo desconfiando do embuste, a maioria hesitaria antes de denunciá-lo. Quem garantiria que o meu enfoque diferente — minha defesa de um *overspread* corretivo sobre a base de pagamentos, por exemplo — não era uma novidade que merecia estudo, já que ninguém parece mesmo saber o que é o certo?

Pudor

Certas palavras nos dão a impressão de que voam, ao saírem da boca. "Sílfide", por exemplo. É dizer "Sílfide" e ficar vendo suas evoluções no ar, como as de uma borboleta. Não tem nada a ver com o que a palavra significa. "Sílfide", eu sei, é o feminino de "silfo", o espírito do ar, e quer mesmo dizer uma coisa diáfana, leve, borboleteante. Mas experimente dizer "silfo". Não voou, certo? Ao contrário da sua mulher, "silfo" não voa. Tem o alcance máximo de uma cuspida. "Silfo", zupt, plof. A própria palavra "borboleta" não voa, ou voa mal. Bate as asas, tenta se manter aérea mas choca-se contra a parede. Sempre achei que a palavra mais bonita da língua portuguesa é "sobrancelha". Esta não voa mas paira no ar, como a neblina das manhãs até ser desmanchada pelo sol. Já a terrível palavra "seborreia" escorre pelos cantos da boca e pinga no tapete.

"Trilhão" era uma palavra pouco usada, antigamente. Uma pessoa podia nascer e morrer sem jamais ouvir a palavra "trilhão", ou só ouvi-la em vagas especulações sobre as estrelas do Universo. O "trilhão" ficava um pouco antes do infinito. Dizia-se "trilhão" em vez de dizer "incalculável" ou "sei lá". Certa vez (autobiografia) tive de responder a uma questão de Geografia no colégio. Naquele tempo a pior coisa do mundo era ser chamado a responder qualquer coisa no colégio. De pé, na frente dos outros e — o pior de tudo — em voz alta. Depois descobri que existem coisas piores, como a miséria, a morte e a comida inglesa. Mas naquela época o pior era aquilo. "Senhor Verissimo!" Era eu. Era irremediavelmente eu. "Responda, qual é a população da China?" Eu não sabia. Estava de pé, na frente dos outros, e tinha que dizer em voz alta o que não sabia. Qual era a população da China? Com alguma presença de espírito eu poderia dizer: "A senhora quer dizer neste exato momento?", dando a entender que, como o que mais acontece na China é nascer gente, uma resposta exata seria impossível. Mas meu espírito não estava ali. Meu espírito ainda estava em casa, dormindo. "Então, senhor Verissimo, qual é a população da China?" E eu respondi:

— Numerosa.

Ganhei zero, claro. Mas "trilhão", entende, era sinônimo de "numeroso". Não era um número, era uma generalização. Você dizia "trilhão" e a palavra subia como um balão desamarrado, não dava tempo nem para ver a sua cor. E hoje não passa dia em que não se ouve falar em trilhões. O "trilhão" vai, aos poucos, se tornando nosso íntimo. É o mais novo personagem da nossa aflição. Quantos zeros tem um trilhão? Doze, acertei? Se os zeros fossem pneus, o trilhão seria uma jamanta daquelas de carregar gerador para usina atômica parada. Felizmente vem aí uma reforma e outra moeda, com menos zeros e mais respeito. Senão chegaríamos à desmoralização completa.

— E o troco do meu tri?

— Serve uma bala?

Desconfio que o que apressará a reforma é a iminência do quatrilhão. "Quatrilhão" é pior que "seborreia". Depois de dizer "quatrilhão" você tem que pular para trás, senão ele esmaga os seus pés. E "quatrilhão" não é como, por exemplo, "otorrino", que cai no chão e corre para um canto. "Quatrilhão" cai, pesadamente, no chão e fica. Você tenta juntar a palavra do chão e ela quebra. Tenta remontá-la — fica "trãoliqua" e sobra o agá. A mente humana, ou pelo menos a mente brasileira, não está preparada para o "quatrilhão". As futuras gerações precisam ser protegidas do "quatrilhão". As reformas monetárias, quando vêm, são sempre para acomodar as máquinas calculadoras e o nosso senso do ridículo, já que caem os zeros mas nada, realmente, muda. A próxima reforma seria a primeira motivada, também, por um pudor linguístico. No momento em que o "quatrilhão" se instalasse no nosso vocabulário cotidiano, mesmo que fosse só para descrever a dívida interna, alguma coisa se romperia na alma brasileira. Seria o caos.

E "caos", você sabe. É uma palavra chiclé-balão. Pode explodir na nossa cara.

Palavreado

Gosto da palavra "fornida". É uma palavra que diz tudo o que quer dizer. Se você lê que uma mulher é "bem fornida", sabe exatamente como ela é. Não gorda mas cheia, roliça, carnuda. E quente. Talvez seja a semelhança com "forno". Talvez seja apenas o tipo de mente que eu tenho.

Não posso ver a palavra "lascívia" sem pensar numa mulher, não fornida mas magra e comprida. Lascívia, imperatriz de Cântaro, filha de Pundonor. Imagino-a atraindo todos os jovens do reino para a cama real, decapitando os incapazes pelo fracasso e os capazes pela ousadia.

Um dia chega a Cântaro um jovem trovador, Lipídio de Albornoz. Ele cruza a Ponte de Safena e entra na cidade montado no seu cavalo Escarcéu. Avista uma mulher vestindo uma bandalheira preta que lhe lança um olhar cheio de betume e cabriolé. Segue-a através dos becos de Cântaro até um sumário — uma espécie de jardim enclausurado —, onde ela deixa cair a bandalheira. É Lascívia. Ela sobe por um escrutínio, pequena escada estreita, e desaparece por uma porciúncula.

Lipídio a segue. Vê-se num longo conluio que leva a uma prótese entrea-berta. Ele entra. Lascívia está sentada num trunfo em frente ao seu pinochet, penteando-se. Lipídio, que sempre carrega consigo um fan-farrão (instrumento primitivo de sete cordas), começa a cantar uma ba-lada. Lascívia bate palmas e chama:

— Cisterna! Vanglória!

São suas escravas que vêm prepará-la para os ritos do amor. Li-pídio desfaz-se de suas roupas — o sátrapa, o lúmpen, os dois fátuos — até ficar só de reles. Dirige-se para a cama cantando uma antiga minarete. Lascívia diz:

— Cala-te, sândalo. Quero sentir o seu vespúcio junto ao meu passe-partout.

Atrás de uma cortina, Muxoxo, o algoz, prepara seu longo ca-dastro para cortar a cabeça do trovador.

A história só não acaba mal porque o cavalo de Lipídio, Escarcéu, espia pela janela na hora em que Muxoxo vai decapitar seu dono, no momento entregue aos sassafrás, e dá o alarme. Lipídio pula da cama, veste seu reles rapidamente e sai pela janela, onde Escarcéu o espera.

Lascívia manda levantarem a Ponte de Safena, mas tarde de-mais. Lipídio e Escarcéu já galopam por motins e valiums, longe da vingança de Lascívia.

*

"Falácia" é um animal multiforme que nunca está onde parece estar. Um dia um viajante chamado Pseudônimo (não é o seu verdadeiro nome) chega à casa de um criador de falácias, Otorrino. Comenta que os negócios de Otorrino devem estar indo muito bem, pois seus campos estão cheios de falácias. Mas Otorrino não parece muito contente. Lamenta-se:

— As falácias nunca estão onde parecem estar. Se elas parecem estar no meu campo é porque estão em outro lugar.

E chora:

— Todos os dias, de manhã, eu e minha mulher, Bazófia, saímos pelos campos a contar falácias. E cada dia há mais falácias no meu campo. Quer dizer, cada dia eu acordo mais pobre, pois são mais falácias que eu não tenho.

— Lhe faço uma proposta — disse Pseudônimo. — Compro todas as falácias do seu campo e pago um pinote por cada uma.

— Um pinote por cada uma? — disse Otorrino, mal conseguindo disfarçar o seu entusiasmo. — Eu devo não ter umas cinco mil falácias.

— Pois pago cinco mil pinotes e levo todas as falácias que você não tem.

— Feito.

Otorrino e Bazófia arrebanharam as cinco mil falácias para Pseudônimo. Este abre o seu comichão e começa a tirar pinotes invisíveis e colocá-los na palma da mão estendida de Otorrino.

— Não estou entendendo — diz Otorrino. — Onde estão os pinotes?

— Os pinotes são como as falácias — explica Pseudônimo. — Nunca estão onde parecem estar. Você está vendo algum pinote na sua mão?

— Nenhum.

— É sinal de que eles estão aí. Não deixe cair.

E Pseudônimo seguiu viagem com cinco mil falácias, que vendeu para um frigorífico inglês, o Filho and Sons. Otorrino acordou no outro dia e olhou com satisfação para o seu campo vazio. Abriu o besunto, uma espécie de cofre, e olhou os pinotes que pareciam não estar ali. Estava rico!

Na cozinha, Bazófia botava veneno no seu pirão.

*

"Lorota", para mim, é uma manicura gorda. É explorada pelo namorado, Falcatrua. Vivem juntos num pitéu, um apartamento pequeno. Um dia batem na porta. É Martelo, o inspetor italiano.

— Dove está il tuo megano?

— Meu quê?

— Il fistulado del tuo matagoso umbráculo.

— O Falcatrua? Está trabalhando.

— Sei. Com sua tragada de perônios. Magarefe, Barroco, Cantochão e Acepipe. Conheço bem o quintal. São uns melindres de marca maior.

— Que foi que o Falcatrua fez?

— Está vendendo falácia inglesa enlatada.

— E daí?

— Daí que dentro da lata não tem nada. Parco manolo!

Fábulas

!

A Novata

Sandrinha nunca esqueceu o seu primeiro dia na redação. Os olhares que recebeu quando se encaminhou para a mesa do editor. De curiosidade. De superioridade. Ou apenas de indiferença. Do editor não recebeu olhar algum.

— Quem é você? — ele perguntou, sem levantar a cabeça.

Sandrinha se identificou.

— Ah, a novata — disse ele. — Você deve ser das boas. Recém-formada e já botaram a trabalhar comigo. Você sabe o que a espera?

— Bem, eu...

— Esqueça tudo o que aprendeu na escola. Isto aqui é a linha de frente do jornalismo moderno. Aqui você tem que ter coragem. Garra. Instinto. Você acha que tem tudo isso?

— Acho que sim.

Ele a olhou pela primeira vez. Seu sorriso era cruel.

— É o que veremos — disse. — Já vi muita gente quebrar a cara aqui. Desistir e pedir transferência para a crônica policial. É preciso ter estômago. Você tem estômago?

— Tenho.

Ele gritou:

— Dalva!

Uma mulher aproximou-se da mesa. Tinha a cara de quem já viu tudo na vida e gostou de muito pouco. O editor perguntou:

— Você já pegou o Rudi?

— Estou indo agora.

— Leve ela.

Dalva olhou para Sandra como se tivesse acabado de tirá-la do nariz. Voltou a olhar para o editor.

— Não sei, chefe. O Rudi...

— Quero ver do que ela é feita.

— Está bem.

Antes de saírem, Dalva perguntou para Sandra:

— Que equipamento você usa?

Sandra mostrou o que tinha dentro da bolsa. Dalva mostrou o seu.

— Certo. Vamos sincronizar gravadores. Testando. Um, dois, três...

*

As duas aproximaram-se da porta do apartamento de Rudi. Antes de bater na porta, a veterana avisou:

— Chegue para trás.

De dentro do apartamento veio uma voz assustada.

— Quem é?

— Abra!

A porta entreabriu-se. Rudi espiou para fora. Dalva empurrou a porta ao mesmo tempo que tirava o gravador da bolsa. Sandra a seguiu para dentro do apartamento. Rudi recuou.

— Isto é invasão de privacidade! — gritou.

— Quieto! Prepare-se para falar, Rudi. E lembre-se: tudo que você disser pode ser usado na edição de domingo.

— Não vou dizer nada.

Dalva forçou-o a sentar. O gravador já estava a milímetros da sua boca.

— Ah, vai — disse Dalva. — Vai dizer tudo. Loção de barba!

— Ahn... "Animal", de Givenchy!

— Cuecas justas ou tipo *short*?

— Justas.

— De que loja?

— Não tenho uma loja favorita.

— Pense melhor, Rudi.

— Está bem. A "Papoulas".

— Sua cor favorita.

— Verde. Não! Azul!

— Vamos, Rudi. É verde ou é azul?

— Azul, azul!

— Quem você levaria para uma ilha deserta?

— Não sei. Me deixem pensar.

— "Pensar", Rudi? "Pensar"?! Você acha que está respondendo para o suplemento cultural? Vamos, quem você levaria para uma ilha deserta?

Dalva registrou com surpresa que Sandrinha é que fizera a pergunta. Rudi respondeu.

— A minha mãe. Não. A Malu Mader.

— Qual delas?

— Não pode ser as duas?

— Você sabe que não, Rudi. Estamos perdendo tempo. Quem?

— A Malu Mader.

— Pasta de dente.

— Crest.

— Seu livro de cabeceira.

— Kalil Gibran.

— Maior emoção.

— Foi, foi... Quando minha cadela "Tutsi" teve filhotinhos.

— Prato preferido?

— Não sei. Não sei!

— Sabe sim.

— Picadinho de carne com ovo.

— Sua filosofia.

— Viver e deixar viver.

— Se você não fosse você, quem gostaria de ser?

— O... o...

— Estamos esperando!

— O Gerald Thomas ou o padre Marcelo Rossi!

— Qual dos dois?

— Fale!

Agora Sandrinha também tinha seu microfone perto da boca de Rudi.

— O padre Marcelo Rossi!

Rudi começou a soluçar. As duas se olharam. Dalva permitiu-se um sorriso.

— Você é boa, novata. Acho que vai se dar bem neste trabalho...

— Obrigada.

Mas Sandra não tinha terminado.

— Não pense que acabou ainda, Rudi. Sabonete!

Bobagem

Emocionado e um pouco bêbado, aos cinco minutos do ano-novo ele resolveu telefonar para o velho desafeto.

— Alô?

— Alô. Sou eu.

— Eu quem?

— Eu, pô.

O outro fez silêncio. Depois disse:

— Ah. É você.

— Olha aqui, cara. Eu estou telefonando pra te desejar um feliz ano-novo. Entendeu?

— Obrigado.

— Obrigado, não. Olha aqui. Sei lá, pô...

— Feliz ano-novo pra você também.

— Eu nem me lembro mais por que nós brigamos. Juro que não me lembro.

— Eu também não lembro.

— Então, grande. Como vai Vivinha?

— Bem, bem. Quer dizer, mais ou menos. As enxaquecas...

Ele ficou engasgado. De repente se deu conta de que tinha saudades até das enxaquecas da Vivinha. Como podiam ter passado tantos anos sem se ver? Como tinham deixado uma bobagem afastá-los daquela maneira? As pessoas precisavam se reaproximar. Aquele seria o seu projeto para o fim do milênio. Reaproximar-se das pessoas. Só dar importância ao que aproximava. Puxa! Estava tão enternecido com as enxaquecas da Vivinha que mal podia falar.

— A vida é muito curta. Você está me entendendo? Assim não dá.

Era como se estivesse reclamando com o fornecedor. A vida vinha com a carga muito pequena. Era preciso um botijão maior, senão não dava mesmo. E ainda desperdiçavam vida com bobagem.

Ele quis marcar um encontro para ontem. No Lucas, como antigamente. O outro foi mais sensato e contrapropôs hoje, prevendo que ontem seria um dia de ressaca e segundos pensamentos. E tinha razão. Ontem à noite, ele voltou a telefonar. Falou secamente. Pediu desculpas, disse que não poderia ir ao encontro e despediu-se com um formal "Melhoras para a Vivinha".

Tinha se lembrado da bobagem que motivara a briga.

Hábito Nacional

Por uma destas coincidências fatais, várias personalidades brasileiras, entre civis e militares, estão no avião que começa a cair. Não há possibilidade de se salvarem. O avião se espatifará — e, levando-se em consideração o caráter dos seus passageiros, "espatifar" é o termo apropriado — no chão. Nos poucos instantes que lhes restam de vida, todos rezam, confessam seus pecados, em versões resumidas, e entregam sua alma à providência divina. O avião se espatifa no chão.

São Pedro os recebe de cara amarrada. O porta-voz do grupo se adianta e, já esperando o pior, começa a explicar quem são e de onde vêm. São Pedro interrompe com um gesto irritado.

— Eu sei, eu sei.

Aponta para uns formulários em cima de sua mesa e diz:

— Recebemos suas confissões e seus pedidos de clemência e entrada no céu.

O porta-voz engole em seco e pergunta:

— E... então?

São Pedro não responde. Olha em torno, examinando a cara dos suplicantes. Aponta para cada um e pede que se identifiquem pelo crime.

— Torturador.

— Minha financeira estourou. Enganei milhares.

— Corrupto. Menti para o povo.

— Sabe a bomba, aquela? Fui o responsável.

— Roubei.

— Me locupletei.

— Matei.

Etcétera. São Pedro sacode a cabeça. Diz:

— Seus requerimentos passaram pela Comissão de Perdão e foram rejeitados por unanimidade. Passaram pelo Painel de Admissões, uma mera formalidade, e foram rejeitados por unanimidade. Mas como nós, mais que ninguém, temos que ser justos, para dar o exemplo, examinamos os requerimentos também na Câmara Alta, da qual eu faço parte. Uma maioria esmagadora votou contra. Houve só um voto a favor. Infelizmente, era o voto mais importante.

— Você quer dizer...

— É. Ele. Neste caso, anulam-se todos os pareceres em contrário e prevalece a vontade soberana d'Ele. Isto aqui ainda é o Reino dos Céus.

— E nós podemos entrar?

São Pedro suspira.

— Podem. Se dependesse de mim, iam direto para o Inferno. Mas...

Todos entram pelo Portão do Paraíso, dando risadas e se congratulando. Um querubim que assistia à cena vem pedir explicações a São Pedro.

— Mas como é que o Todo-Poderoso não castiga essa gente?

E São Pedro, desanimado:

— Sabe como é, Brasileiro...

Pode Acontecer

Pode acontecer o seguinte. As revelações sobre o envolvimento de figuras do governo passado em crimes e escândalos chegam a ponto crítico. Civis e militares de graduação inimaginável veem-se na iminência não de ir para a cadeia, o que contraria os hábitos brasileiros, mas de serem expostos como corruptos, torturadores, etc. O que, sei lá, seria chato. Os protestos contra "revanchismo" não adiantam. É preciso agir para deter a torrente de denúncias que ameaça destruir, na sua fúria persecutória, tudo o que o regime passado deixou de bom. Como, por exemplo, o, a... hm. Bem, é preciso agir.

O golpe é decidido num telefonema no meio da noite. Falam em código.

— Alô, Mão em Cumbuca? Boca na Botija.

— Fala, Boca.

— Tudo certo para amanhã?

— Tudo.

— Tem certeza?

— Tenho. Houve resistência, mas o argumento de que até o Antônio Carlos está nas mãos dos comunistas foi decisivo. A maioria aderiu.

— Quer dizer que...

— Lá vamos nós outra vez.

— Será que não há mesmo outro jeito?

— Bem, se você quer ver nos jornais a história de como você roubava material do seu gabinete para vender...

— Ssssh!

— Nunca entendi. Você não se contentava com seu salário de...

— Sssshh!

— Tinha que vender os clipes de papel?!

— E você? E você?

— O que que tem eu?

— E o cabaré no porão do minis...

— Ssshhh!

— Bom, agora não adianta ficar lamentando. O importante é que ninguém descubra. Como está o plano?

— Não pode falhar. Cercaremos o Congresso. Os congressistas se renderão. Usando os congressistas como reféns, exigiremos a capitulação do governo e das forças leais a Sarney.

— Uma vez no poder, censuraremos a imprensa. De novo.

— Exato.

— Boa sorte, Mão!

— Certo, Boca.

No dia seguinte.

— Alô, Mão em Cumbuca?

— Não tem ninguém aqui com esse codinome.

— Já vi que não deu certo...

— É.

— O que houve?

— Atacamos o Congresso. Fomos direto ao cerne da democracia. Cercamos o prédio. Entramos para render os congressistas.

— E?

— E não encontramos ninguém!

— O quê?!

— Bom, para não dizer que não tinha ninguém, tinha uma taquígrafa. Pensamos em usá-la como refém mas acabamos desistindo.

— Assim não dá!

— É. É impossível golpear as instituições se elas não estão onde deviam estar!

— O que vamos fazer agora, Mão?

— Eu se fosse você dava o fora do país, Boca.

— E de onde você pensa que eu estou falando, Mão?

Direitos Humanos

— Famous Ipanema Beach!

Dentro do ônibus, os turistas exclamavam "oh!" com entusiasmo. Ipanema Beach! O motorista, Algemiro, torcedor do Vasco, morador do Vidigal, sacudia a cabeça cada vez que ouvia a pronúncia da guia. Por que "Ipanima"? Era Ipanema com "e". "Ipanima" era frescura de gringo.

— Vieira Souto Avenue.

— Aveniu dos bacana — completou Algemiro. E, com um certo orgulho: — Caminho da minha casa.

— What? — quis saber uma velhinha americana de dentro do seu vestido gasoso.

— Rich people live here — explicou a guia.

Mais "ohs" entusiasmados.

— The girls from Ipanema — disse a guia, apontando as garotas da praia.

— Oh! — gritaram os turistas.

— In front of us, Pedra da Gávea, Gávea Stone — disse a guia.

— Oh! — gritaram os turistas.

— O Budum Filho! — gritou o motorista.

— Oh! — gritaram os turistas, com a freada do ônibus.

— O que foi isso? — quis saber a guia, ajeitando o chapeuzinho.

— O Budum Filho. Um pilantrão que me deve uma nota.

— Mas você não vai parar o ônibus agora para falar com...

— Ah, se não vou! Segura as pontas que eu já volto.

— Espera!

Mas o Algemiro já puxara o freio de mão e se precipitara para a rua atrás do Budum Filho, filho do Budum Pai, bicheiro e mau-caráter. Os turistas pularam dos bancos para acompanhar a perseguição. Em minutos o Algemiro voltava com o Budum Filho pela nuca.

— Por que aqui? — gritou a guia, sem saber o que dizer para as velhinhas.

— Quero ter uma conversa com este pilantra num particular.

— Mas aqui?

— Calminha. É rápido.

O Budum Filho, aterrorizado, apelou para uma americana.

— Rélpi, madame. É sequestro.

— Rélpi eu vou te mostrar, caloteiro.

— Who is he? — perguntou a americana, mais aterrorizada do que ele, apontando para o Budum Filho.

— Nothing, nothing — disse a guia. — A boy from Ipanema.

— Oh!

— O que foi que ele fez? — perguntou a guia para o Algemiro.

— Eu ganhei no bicho e ele não pagou. Enrustiu na marra.

— Rélpi! — repetiu o Budum Filho.

Com a revolta dos turistas, o Algemiro se viu constrangido a largar a nuca do mauca. Mas segurou a sua camiseta. Que tinha o nome de uma universidade americana na frente. As simpatias dos turistas estavam com o Budum Filho.

— E a minha grana, ó calota!

— Que grana?

— Vem com essa. Vem com essa!

— Ó Algemiro, tá me estranhando? Eu ia pagar.

— Ia, não. Vai.

— Vou.

— Dívida de bicho é sagrada.

— What is it?

— Jogo do bicho. Animal game. Gambling.

— Oh!

Um americano, calça quadriculada, se apresentou para mediar. Aquilo estava atrasando a excursão. Ele tinha pago bom dinheiro para ver as vistas do Rio. Não uma briga. Se bem que as velhinhas, depois do susto inicial, pareciam estar apreciando o incidente entre os nativos. O que iam ter para contar na volta!

Com a guia como intérprete, o americano propôs que procurassem uma autoridade para resolver o caso. A proposta foi vetada pelas partes. E, mesmo, seria difícil encontrar uma autoridade por perto.

— Autoridade neste ônibus — disse o Algemiro, sacudindo o Budum Filho com ênfase — sou eu.

— Rélpi, mister!

— Come on, let him go — disse o americano.

— Não tem camone.

— Algemiro — suplicou a guia —, vamos primeiro terminar a excursão, depois você cuida desse assunto.

Algemiro estudou a questão. Depois concordou. O Budum Filho ficaria no ônibus, sob custódia dos turistas, até o fim da excursão. Depois acertariam as contas. E tocaram o ônibus.

Budum Filho sentou ao lado de uma velhinha da Minnesota, que lhe ofereceu um drops de hortelã. Foi fotografado por dezessete polaroides simultaneamente. Com a ajuda da guia, contou a história da sua vida. O seu sonho era conhecer os Estados Unidos.

— Lá não entra caloteiro! — gritou o Algemiro, mas foi silenciado pelos protestos gerais.

Ninguém olhava mais a paisagem. Todas as atenções estavam no Budum Filho. Ele era um artista. As madames queriam ouvir um samba da sua autoria? Claro que queriam. Budum cantou um samba do Martinho da Vila. O Algemiro tentou desmascará-lo mas foi desprezado. Quando o Budum Filho acabou de cantar, todos gritaram "oh!" e aplaudiram muito. No fim da excursão alguns deram gorjetas para o Budum Filho (e nada para o Algemiro). A guia recomendou ao Algemiro que não fizesse nenhuma loucura. A companhia podia ficar sabendo e os dois se dariam mal. O Algemiro disse que só ia ter uma conversinha com o desgraçado. E ficou sozinho no ônibus com o Budum Filho.

— Canta um samba agora, garoto.

— Algemiro, se eu fosse você eu não me tocava.

— Ah, é?

— É.

— E por quê?

— Porque eu passei um bilhete para uma das madame, escondido.

— Que bilhete?

— Para o Clinton.

— Que Clinton?

— O presidente. Se me acontecer qualquer coisa, ele vai ficar sabendo que foi você. Respeita os meus direitos humanos, senão vai ter.

— Ah, é?

— É.

— Pois quem é o presidente lá é o Bush e sabe o que que o Bush gosta de fazer com vagabundo?

— Não, Algemiro. Não!

Segurança

O ponto de venda mais forte do condomínio era a sua segurança. Havia as belas casas, os jardins, os playgrounds, as piscinas, mas havia, acima de tudo, segurança. Toda a área era cercada por um muro alto. Havia um portão principal com muitos guardas que controlavam tudo por um circuito fechado de TV. Só entravam no condomínio os proprietários e visitantes devidamente identificados e crachados.

Mas os assaltos começaram assim mesmo. Ladrões pulavam os muros e assaltavam as casas.

Os condôminos decidiram colocar torres com guardas ao longo do muro alto. Nos quatro lados. As inspeções tornaram-se mais rigorosas no portão de entrada. Agora não só os visitantes eram obrigados a usar crachá. Os proprietários e seus familiares também. Não passava ninguém pelo portão sem se identificar para a guarda. Nem as babás. Nem os bebês.

Mas os assaltos continuaram.

Decidiram eletrificar os muros. Houve protestos, mas no fim todos concordaram. O mais importante era a segurança. Quem tocasse no fio de alta tensão em cima do muro morreria eletrocutado. Se não morresse, atrairia para o local um batalhão de guardas com ordens de atirar para matar.

Mas os assaltos continuaram.

Grades nas janelas de todas as casas. Era o jeito. Mesmo se os ladrões ultrapassassem os altos muros, e o fio de alta tensão, e as patrulhas, e os cachorros, e a segunda cerca, de arame farpado, erguida dentro do perímetro, não conseguiriam entrar nas casas. Todas as janelas foram engradadas.

Mas os assaltos continuaram.

Foi feito um apelo para que as pessoas saíssem de casa o mínimo possível. Dois assaltantes tinham entrado no condomínio no banco de trás do carro de um proprietário, com um revólver apontado para a sua nuca. Assaltaram a casa, depois saíram no carro roubado, com crachás roubados. Além do controle das entradas, passou a ser feito um rigoroso controle das saídas. Para sair, só com um exame demorado do crachá e com autorização expressa da guarda, que não queria conversa nem aceitava suborno.

Mas os assaltos continuaram.

Foi reforçada a guarda. Construíram uma terceira cerca. As famílias de mais posses, com mais coisas para serem roubadas, mudaram-se para uma chamada área de segurança máxima. E foi tomada uma medida extrema. Ninguém pode entrar no condomínio. Ninguém. Visitas, só num local predeterminado pela guarda, sob sua severa vigilância e por curtos períodos.

E ninguém pode sair.

Agora, a segurança é completa. Não tem havido mais assaltos. Ninguém precisa temer pelo seu patrimônio. Os ladrões que passam pela calçada só conseguem espiar através do grande portão de ferro e talvez avistar um ou outro condômino agarrado às grades da sua casa, olhando melancolicamente para a rua.

Mas surgiu outro problema.

As tentativas de fuga. E há motins constantes de condôminos que tentam de qualquer maneira atingir a liberdade.

A guarda tem sido obrigada a agir com energia.

Falando Sério

!

Fobias

As pessoas que defendem o pastoral e a volta ao primitivo nunca se lembram, nas suas rapsódias à vida rústica, dos insetos. Sempre que ouço alguém descrever, extasiado, as delícias de um acampamento — ah, dormir no chão, fazer fogo com gravetos e ir ao banheiro atrás do arbusto — me espanto um pouco mais com a variedade humana. Somos todos da mesma espécie, mas o que encanta uns horroriza outros. Sou dos horrorizados com a privação deliberada. Muitas gerações contribuíram com seu sacrifício e seu engenho para que eu não precisasse fazer mais nada atrás do arbusto. Me sentiria um ingrato fazendo. E a verdade é que, mesmo para quem não tem os meus preconceitos, as delícias do primitivo nunca são exatamente como as descrevem. Aquela legendária casa à beira de uma praia escondida onde a civilização ainda não chegou, ou chegou mas foi corrida pelo vento, e onde tudo é bom e puro, não existe. E se existe, nunca é bem assim.

— Um paraíso! Não há nem um armazém por perto.

Quer dizer, não há acesso à aspirina, fósforos ou qualquer tipo de leitura salvo, talvez, metade de uma revista *Cigarra* de 1948, deixada pelos últimos ocupantes da casa quando foram carregados pelos mosquitos.

— A gente dorme ouvindo o barulho do mar...

E de animais terrestres e anfíbios tentando entrar na casa para morder o seu pé. E, se morder, você morre. O antibiótico mais próximo fica a 100 quilômetros e está com a data vencida.

Não. Fico na cidade. A máxima concessão que faço à vida natural, no verão, são as bermudas. E, assim mesmo, longas. Muito curtas e já é um começo de volta à selva.

*

Não sei como se chamaria o medo de não ter o que ler. Existem as conhecidas claustrofobia (medo de lugares fechados), agorafobia (medo de espaços abertos), acrofobia (medo de altura), collorfobia (medo do que ele vai nos aprontar agora) e as menos conhecidas ailurofobia (medo de gatos), iatrofobia (medo de médicos) e até treiskaidekafobia (medo do número treze), mas o pânico de estar, por exemplo, num quarto de hotel, com insônia, sem nada para ler não sei que nome tem. É uma das minhas neuroses. O vício que lhe dá origem é a gutembergomania, uma dependência patológica na palavra impressa. Na falta dela, qualquer palavra serve. Já saí de cama de hotel no meio da noite e entrei no banheiro para ver se as torneiras tinham "Frio" e "Quente" escritos por extenso, para saciar minha sede de letras. Já ajeitei o travesseiro, ajustei a luz e abri a lista telefônica, tentando me convencer que, pelo menos no número de personagens, seria um razoável substituto para um romance russo. Já revirei cobertores e lençóis, à procura de uma etiqueta, qualquer coisa.

Alguns hotéis brasileiros imitam os americanos e deixam uma Bíblia no quarto, e ela tem sido a minha salvação, embora não no modo pretendido. Nada como um *best-seller* numa hora dessas. A Bíblia tem tudo para acompanhar uma insônia: enredo fantástico, grandes personagens, romance, o sexo em todas as suas formas, ação, paixão, violência — e uma mensagem positiva. Recomendo "Gênesis" pelo ímpeto narrativo, "O cântico dos cânticos" pela poesia e "Isaías" e "João" pela força dramática, mesmo que seja difícil dormir depois do Apocalipse.

Mas, e quando não tem nem a Bíblia? Uma vez liguei para a telefonista de madrugada e pedi uma *Amiga*.

— Desculpe, cavalheiro, mas o hotel não fornece companhia feminina...

— Você não entendeu! Eu quero uma revista *Amiga*. *Capricho*, *Vida Rotariana*, qualquer coisa.

— Infelizmente, não tenho nenhuma revista.

— Não é possível! O que você faz durante a noite?

— Tricô.

Uma esperança!

— Com manual?

— Não.

Danação.

— Você não tem nada para ler? Na bolsa, sei lá.

— Bem... Tem uma carta da mamãe.

— Manda!

Anedotas

Um dos mistérios da vida é: de onde vêm as anedotas? O enigma da criação da anedota se compara ao enigma da criação da matéria. Em todas as teorias conhecidas sobre a evolução do universo sempre se chega a um ponto em que a única explicação possível é a da geração espontânea. Do nada surge alguma coisa. As anedotas também nasceriam assim, já prontas, aparentemente autogeradas. Você não conhece ninguém que tenha inventado uma anedota. Ou, pelo menos, uma boa anedota. Os que contam uma anedota sempre a ouviram de outro, que ouviu de outro, que ouviu de outro, que não se lembra onde a ouviu. Se anedota fosse crime, sua repressão seria dificílima. Prenderiam os viciados e os traficantes, a arraia-miúda, mas jamais chegariam ao *capo*, ao distribuidor, ao verdadeiro culpado.

— Prendemos o Joca ("Sabem a última?") da Silva. Ele estava passando uma anedota e...

— Imbecis! Não era para prender.

— Mas, delegado. Ele estava de posse de dezenas de anedotas de primeira qualidade. Algumas novíssimas...

— Era para segui-lo e descobrir seu fornecedor. Mais uma pista perdida...

Os humoristas profissionais não fazem anedotas. Inventam piadas, frases, cenas, histórias, mas as anedotas que correm o país não são deles. São de autores desconhecidos mas nem por isto menos competentes. Uma anedota geralmente tem o rigor formal de um teorema. Exposição, desenvolvimento, desenlace. Claro que variam de acordo com quem conta. Grande parte do sucesso de uma anedota depende do estilo de quem conta. A anedota é uma continuação da tradição homérica, de narrativa oral, que transmitia histórias antes do livro. Anedota impressa deixa de ser anedota. Existem contadores eméritos. E casos pungentes de grandes contadores que, com o tempo, vão perdendo a habilidade, até chegarem ao supremo vexame de, um dia, esquecerem o fim da anedota.

— Aí o anãozinho pega o desentupidor de pia e...

— Sim?

— E... e... Como é mesmo? Já me vem...

— Não!

Pior do que isto é o contrário. O contador decadente que passa a só se lembrar do fim das anedotas.

— Como é mesmo aquela? Termina com o homem dizendo pro índio "fica com o escalpo mas me devolve a peruca". Puxa...

Há quem diga que todas as anedotas são variações sobre dez situações básicas, que existem há séculos. Deus, depois de dar a Moisés a tábua com os Dez Mandamentos, o teria chamado de volta e dito:

— E esta é a das anedotas...

Seja como for, a anedota é a grande manifestação da inventividade popular, da inteligência clandestina que mantém vivo o espírito crítico, mesmo quando tentam reprimi-lo. Quem quiser saber o que pensavam os brasileiros dos seus líderes desde o primeiro Pedro deve procurar nas anedotas, não na história oficial. Contam que na Rússia, certa vez, Stalin decidiu formar um ministério da anedota, para substituir as anedotas que o povo andava espalhando por sua conta. Vários ministros tentaram mas não conseguiram produzir anedotas que agradassem ao povo, e foram mandados para a Sibéria. Até que um ministro acertou e fez uma série de anedotas, todas contra Stalin, que tiveram grande aceitação popular. O ministro foi condecorado e escapou de ser mandado para a Sibéria por ter fracassado. Foi mandado para a Sibéria por fazer anedotas sobre o Stalin. E o ministério acabou logo, por falta de pessoal capacitado.

Dizem que, eventualmente, um computador bem programado poderá escrever teses e romances. Mas duvido que algum computador, algum dia, possa fazer uma anedota. As instruções seriam claras. Local: uma cela de prisão no Brasil. Personagens: os responsáveis pelos escândalos das privatizações, do Sivam, do Proer, do Daer e da Caixa Dois reunidos. Tarefa: criar uma história curta, com final surpreendente, que faça rir. O computador provavelmente responderia:

— Tarefa impossível. Situação improvável.

Da Timidez

Ser um tímido notório é uma contradição. O tímido tem horror a ser notado, quanto mais a ser notório. Se ficou notório por ser tímido, então tem que se explicar. Afinal, que retumbante timidez é essa, que atrai tanta atenção? Se ficou notório apesar de ser tímido, talvez estivesse se enganando junto com os outros e sua timidez seja apenas um estratagema para ser notado. Tão secreto que nem ele sabe. É como no paradoxo psicanalítico: só alguém que se acha muito superior procura o analista para tratar um complexo de inferioridade, porque só ele acha que se sentir inferior é doença.

Todo mundo é tímido, os que parecem mais tímidos são apenas os mais salientes. Defendo a tese de que ninguém é mais tímido do que o extrovertido. O extrovertido faz questão de chamar atenção para sua extroversão, assim ninguém descobre sua timidez. Já no notoriamente tímido a timidez que usa para disfarçar sua extroversão tem o tamanho de um carro alegórico. Daqueles que sempre quebram na concentração. Segundo minha tese, dentro de cada Elke Maravilha existe um tímido tentando se esconder e dentro de cada tímido existe um exibido gritando "Não me olhem! Não me olhem!", só para chamar a atenção.

O tímido nunca tem a menor dúvida de que, quando entra numa sala, todas as atenções se voltam para ele e para sua timidez espetacular. Se cochicham, é sobre ele. Se riem, é dele. Mentalmente, o tímido nunca entra num lugar. Explode no lugar, mesmo que chegue com a maciez estudada de uma noviça. Para o tímido, não apenas todo mundo mas o próprio destino não pensa em outra coisa a não ser nele e no que pode fazer para embaraçá-lo.

O tímido vive acossado pela catástrofe possível. Vai tropeçar e cair e levar junto a anfitriã. Vai ser acusado do que não fez, vai descobrir que estava com a braguilha aberta o tempo todo. E tem certeza de que cedo ou tarde vai acontecer o que o tímido mais teme, o que tira o seu sono e apavora os seus dias: alguém vai lhe passar a palavra.

O tímido tenta se convencer de que só tem problemas com multidões, mas isto não é vantagem. Para o tímido, duas pessoas são uma multidão. Quando não consegue escapar e se vê diante de uma plateia, o tímido não pensa nos membros da plateia como indivíduos. Multiplica-os por quatro, pois cada indivíduo tem dois olhos e dois ouvidos. Quatro vias, portanto, para receber suas gafes. Não adianta pedir para a plateia fechar os olhos, ou tapar um olho e um ouvido para cortar o desconforto do tímido pela metade. Nada adianta. O tímido, em suma, é uma pessoa convencida de que é o centro do Universo, e que seu vexame ainda será lembrado quando as estrelas virarem pó.

ABC

Quando a gente aprende a ler, as letras, nos livros, são grandes. Nas cartilhas — pelo menos nas cartilhas do meu tempo — as letras eram enormes. Lá estava o A, como uma grande tenda. O B, com seu grande busto e sua barriga ainda maior. O C, sempre pronto a morder a letra seguinte com a sua grande boca. O D, com seu ar próspero de grão-senhor. Etc. Até o Z, que sempre me parecia estar olhando para trás. Talvez porque não se convencesse que era a última letra do alfabeto e quisesse certificar-se de que atrás não vinha mais nenhuma.

As letras eram grandes, claro, para que decorássemos a sua forma. Mas não precisavam ser tão grandes. Que eu me lembre, minha visão na época era perfeita. Nunca mais foi tão boa. E no entanto os livros infantis eram impressos com letras graúdas e entrelinhas generosas. E as palavras eram curtas. Para não cansar a vista.

À medida que a gente ia crescendo, as letras iam diminuindo. E as palavras, aumentando. Quando não se tem mais uma visão de criança é que se começa, por exemplo, a ler jornal, com seus tipos miúdos e linhas apertadas que requerem uma visão de criança. Na época em que começamos a prestar atenção em coisas como notas de pé de página, bulas de remédio e subcláusulas de contrato, já não temos mais metade da visão perfeita que tínhamos na infância, e esbanjávamos nas bolas da Lulu e no corre-corre do Faísca.

Chegamos à idade de ler grossos volumes em corpo 6 quando só temos olhos para as letras gigantescas, coloridas e cercadas de muito branco, dos livros infantis. Quanto mais cansada a vista, mais exigem dela. Alguns recorrem à lente de aumento para seccionar as grandes palavras em manejáveis monossílabos infantis. E para restituir às letras a sua individualidade soberana, como tinham na infância.

O E, que sempre parecia querer distância das outras.

O R! Todas as letras tinham pé, mas o R era o único que chutava.

O V, que aparecia em várias formas: refletido na água (o X), de muletas (o M), com o irmão siamês (o W).

O Q, que era um O com a língua de fora.

De tanto ler palavras, nunca mais reparamos nas letras. E de tanto ler frases, nunca mais notamos as palavras, com todo o seu mistério.

Por exemplo: pode haver palavra mais estranha do que "esdrúxulo"? É uma palavra, sei lá. Esdrúxula. Ainda bem que nunca aparecia nas leituras da infância, senão teria nos desanimado. Eu me recusaria a aprender uma língua, se soubesse que ela continha a palavra "esdrúxulo". Teria fechado a cartilha e ido jogar bola, para sempre. As cartilhas, com sua alegre simplicidade, serviam para dissimular os terrores que a língua nos reservava. Como "esdrúxulo". Para não falar em "autóctone". Ou, meu Deus, em "seborreia"!

Na verdade, acho que as crianças deviam aprender a ler nos livros do Hegel e em longos tratados de metafísica. Só elas têm a visão adequada à densidade do texto, o gosto pela abstração e tempo disponível para lidar com o infinito. E na velhice, com a sabedoria acumulada numa vida de leituras, com as letras ficando progressivamente maiores à medida que nossos olhos se cansavam, estaríamos então prontos para enfrentar o conceito básico de que vovô vê a uva, e viva o vovô.

Vovô vê a uva! Toda a nossa inquietação, nossa perplexidade e nossa busca terminariam na resolução deste enigma primordial. Vovô. A uva. Eva. A visão.

Nosso último livro seria a cartilha. E a nossa última aventura intelectual, a contemplação enternecida da letra A. Ah, o A, com suas grandes pernas abertas.

Exercícios de Estilo

!

Amor

Poema Mais Ou Menos De Amor:

Eu queria, senhora,
ser o seu armário
e guardar seus tesouros
como um corsário.
Que coisa louca:
ser seu guarda-roupa!
Alguma coisa sólida,
circunspecta e pesada
nessa sua vida tão estabanada.
Um amigo de lei
(de que madeira eu não sei).
Um sentinela do seu leito
— com todo o respeito.
Ah, ter gavetinhas

para suas argolinhas.
Ter um vão
para o seu camisolão
e sentir o seu cheiro,
senhora,
o dia inteiro.
Meus nichos
como bichos
engoliriam suas meias-calças,
seus sutiãs sem alças.
E tirariam nacos
dos seus casacos.
Ah, ter no colo,
como gatos,
os seus sapatos.
E no meu chão,
como trufas,
suas pantufas...
Seus echarpes, seus jeans,
seus longos e afins.
Seus trastes
e contrastes.
Aquele vestido com asa
e aquele de andar em casa.
Um turbante antigo.
Um pulôver amigo.
Bonecas de pano.
Um brinco cigano.
Um chapéu de aba larga.
Um isqueiro sem carga.

Suéteres de lã
e um estranho astracã.
Ah, vê-la se vendo
no meu espelho, correndo.
Puxando, sem dores,
os meus puxadores.
Mexendo com o meu interior
— à procura de um pregador.
Desarrumando o meu ser
por um *prêt-à-porter*...
Ser o seu segredo,
senhora,
e o seu medo.
E sufocar,
com agravantes,
todos os seus amantes.

Um, Dois, Três

Eu queria um dia fazer uma crônica como uma valsa antiga. Que rodopiasse pela página como, digamos, um velho comendador de fraque e a sua jovem amiga. Cheia de rimas como quimera e primavera. Com passos e compassos, ah quem me dera. Talco nos decotes, virgens suspirosas e uma sugestão de intriga.

Os parágrafos seriam verso e figurações. No meio um lustre, na tuba um gordo e em cada peito mil palpitações. Os namorados trocariam olhares. As tias e os envergonhados nos seus lugares. E de repente uma frase perderia o fio, soltando sílabas por todos os salões.

A segunda parte me daria um nó.

Os pares param, o maestro espera e ninguém tem dó.

Dou ré, vou lá, já não caibo em mi.

E então decreto — vá fá — é cada um por si!

Um, dois, três.

Um, dois, três.

A minha orquestra seria toda de professores. Um de desenho, três de latim, cinco de português e todos amadores. O baterista cheiraria coca. O contrabaixista não parece o Loca? E o gordo da tuba um duque da Bavária nos seus últimos estertores.

Um cadete rouba o amor da filha de um magnata. Pescoço de alabastro, boca de rubi e os olhos de uma gata. O namorado, despeitado, urde sua vingança. É quase meia-noite e segue a contradança. O pai da moça dorme nos seus sete queixos e sonha com uma negociata.

No avarandado branco, onde vão ver a Lua

A moça e o cadete, que a imagina nua,

Beijam-se perdidamente a três por quatro.

E o segundo traído sou eu, que não encontro rima para "quatro".

Um, dois, três.

Um, dois, três.

Um violinista, de improviso, olha o relógio e perde um bemol. Faltam poucas linhas para acabar meu espaço e surgir o sol. Lá fora, o par apaixonado. De tanto amor nem olha para o lado. Não vê o despeitado que se aproxima, quieto e encurvado como um caracol.

Eu mesmo me concedi esta valsa e, portanto, tenho a decisão. Que arma usará o traído na sua vil ação? Uma adaga, fina e reluzente? Combina mais com o requintado ambiente. Mas se errar o passo e o alvo o vilão e, abrindo um filão, conspurcar o alvo chão?

Um tiro na nuca é mais ligeiro

Mais prático, moderno e certeiro.

Mas, meu Deus, o que é que eu estou fazendo?

Comecei com uma singela valsa e já tem gente morrendo!

Um, dois, três.

Um, dois, três.

Eu só queria fazer uma crônica como uma valsa antiga. Que rodopiasse pela página como um comendador cansado e sua compreen-

siva amiga. Cheia de rimas sem compromisso aparente. Nem com couro, nem com prata, nem com a crise do Ocidente. Decotes bocejando.
Virgens sonolentas e nem uma sugestão de briga.

Um, dois, três.

Etc.

O Ator

O homem chega em casa, abre a porta e é recebido pela mulher e os dois filhos, alegremente. Distribui beijos entre todos, pergunta o que há para jantar e dirige-se para o seu quarto. Vai tomar um banho, trocar de roupa e preparar-se para algumas horas de sossego na frente da televisão antes de dormir. Quando está abrindo a porta do seu quarto, ouve uma voz que grita:

— Corta!

O homem olha em volta, atônito. Descobre que sua casa não é uma casa, é um cenário. Vem alguém e tira o jornal e a pasta das suas mãos. Uma mulher vem ver se a sua maquilagem está bem e põe um pouco de pó no seu nariz. Aproxima-se um homem com um *script* na mão dizendo que ele errou uma das falas na hora de beijar as crianças.

— O que é isso? — pergunta o homem. — Quem são vocês? O que estão fazendo dentro da minha casa? Que luzes são essas?

— O que, enlouqueceu? — pergunta o diretor. — Vamos ter que repetir a cena. Eu sei que você está cansado, mas...

— Estou cansado, sim senhor. Quero tomar meu banho e botar meu pijama. Saiam da minha casa. Não sei quem são vocês, mas saiam todos! Saiam!

O diretor fica parado de boca aberta. Toda a equipe fica em silêncio, olhando para o ator. Finalmente o diretor levanta a mão e diz:

— Tudo bem, pessoal. Deve ser estafa. Vamos parar um pouquinho e...

— Estafa coisa nenhuma! Estou na minha casa, com a minha... A minha família! O que vocês fizeram com ela? Minha mulher! Os meus filhos!

O homem sai correndo entre os fios e os refletores, à procura da família. O diretor e um assistente tentam segurá-lo. E então ouve-se uma voz que grita:

— Corta!

Aproxima-se outro homem com um *script* na mão. O homem descobre que o cenário, na verdade, é um cenário. O homem com um *script* na mão diz:

— Está bom, mas acho que você precisa ser mais convincente.

— Que-quem é você?

— Como, quem sou eu? Eu sou o diretor. Vamos refazer esta cena. Você tem que transmitir melhor o desespero do personagem. Ele chega em casa e descobre que sua casa não é uma casa, é um cenário. Descobre que está no meio de um filme. Não entende nada.

— Eu não entendo...

— Fica desconcertado. Não sabe se enlouqueceu ou não.

— Eu devo estar louco. Isto não pode estar acontecendo. Onde está minha mulher? Os meus filhos? A minha casa?

— Assim está melhor. Mas espere até começarmos a rodar. Volte para a sua marca. Atenção, luzes...

— Mas que marca? Eu não sou personagem nenhum. Eu sou eu! Ninguém me dirige. Eu estou na minha própria casa, dizendo as minhas próprias falas...

— Boa, boa. Você está fugindo um pouco do *script*, mas está bom.

— Que *script*? Não tem *script* nenhum. Eu digo o que quiser. Isto não é um filme. E mais, se é um filme, é uma porcaria de filme. Isto é simbolismo ultrapassado. Essa de que o mundo é um palco, que tudo foi predeterminado, que não somos mais do que atores... Porcaria!

— Boa, boa. Está convincente. Mas espere começar a filmar. Atenção...

O homem agarra o diretor pela frente da camisa.

— Você não vai filmar nada! Está ouvindo? Nada! Saia da minha casa.

O diretor tenta livrar-se. Os dois rolam pelo chão. Nisto ouve-se uma voz que grita:

— Corta!

O Recital

Uma boa maneira de começar um conto é imaginar uma situação rigidamente formal — digamos, um recital de quarteto de cordas — e depois começar a desfiá-la, como um pulôver velho. Então, vejamos. Um recital de quarteto de cordas.

O quarteto entra no palco sob educados aplausos da seleta plateia. São três homens e uma mulher. A mulher, que é jovem e bonita, toca viola. Veste um longo vestido preto. Os três homens estão de fraque. Tomam os seus lugares atrás das partituras. Da esquerda para a direita: um violino, outro violino, a viola e o violoncelo. Deixa ver se não esqueci nenhum detalhe. O violoncelista tem um grande bigode ruivo. Isto pode se revelar importante mais tarde, no conto. Ou não.

Os quatro afinam seus instrumentos. Depois, silêncio. Aquela expectativa nervosa que precede o início de qualquer concerto. As últimas tossidas da plateia. O primeiro violinista consulta seus pares com um olhar discreto. Estão todos prontos, o violinista coloca o instrumento sob o queixo e posiciona seu arco. Vai começar o recital. Nisso...

Nisso, o quê? Qual é a coisa mais insólita que pode acontecer num recital de um quarteto de cordas? Passar uma manada de zebus pelo palco, por trás deles? Não. Uma manada de zebus passa, parte da plateia pula das suas poltronas e procura as saídas em pânico, outra parte fica paralisada e perplexa mas depois tudo volta ao normal. O quarteto, que manteve-se firme em seu lugar até o último zebu — são profissionais e mesmo aquilo não pode estar acontecendo —, começa a tocar. Nenhuma explicação é pedida ou oferecida. Segue o Mozart.

Não. É preciso instalar-se no acontecimento, como a semente da confusão, uma pequena incongruência. Algo que crie apenas um mal--estar, de início, e chegue lentamente, em etapas sucessivas, ao caos. Um morcego que pousa na cabeça do segundo violinista durante um *pizzicato*. Não. Melhor ainda. Entra no palco um homem carregando uma tuba.

Há um murmúrio na plateia. O que é aquilo? O homem entra, com sua tuba, dos bastidores. Posta-se ao lado do violoncelista. O primeiro violinista, retesado como um mergulhador que subitamente descobriu que não tem água na piscina, olha para a tuba entre fascinado e horrorizado. O que é aquilo? Depois de alguns instantes em que a tensão no ar é como a corda de um violino esticada ao máximo, o primeiro violinista fala:

— Por favor...

— O quê? — diz o homem da tuba, já na defensiva. — Vai dizer que eu não posso ficar aqui?

— O que o senhor quer?

— Quero tocar, ora. Podem começar que eu acompanho.

Alguns risos na plateia. Ruídos de impaciência. Ninguém nota que o violoncelista olhou para trás e quando deu com o tocador de tuba virou o rosto em seguida, como se quisesse se esconder. O primeiro violinista continua:

— Retire-se, por favor.

— Por quê? Quero tocar também.

O primeiro violinista olha nervosamente para a plateia. Nunca em toda a sua carreira como líder do quarteto teve que enfrentar algo parecido. Uma vez um mosquito entrou na sua narina durante uma passagem de Vivaldi. Mas nunca uma tuba.

— Por favor. Isto é um recital para quarteto de cordas. Vamos tocar Mozart. Não tem nenhuma parte para a tuba.

— Eu improviso alguma coisa. Vocês começam e eu faço o *um-pá-pá*.

Mais risos da plateia. Expressões de escândalo. De onde surgiu aquele homem com uma tuba? Ele nem está de fraque. Segundo algumas versões veste uma camisa do Vasco. Usa chinelos de dedo. A violista sente-se mal. O violinista ameaça chamar alguém dos bastidores para retirar o tocador de tuba à força. Mas ele aproxima o bocal do seu instrumento dos lábios e começa:

— Se alguém se aproximar de mim eu toco *pof*!

A perspectiva de se ouvir um *pof* naquele recinto paralisa a todos.

— Está bem — diz o primeiro violinista. — Vamos conversar. Você, obviamente, entrou no lugar errado. Isto é um recital de cordas. Estamos nos preparando para tocar Mozart. Mozart não tem *um-pá-pá*.

— Mozart não sabe o que está perdendo — diz o tocador de tuba, rindo para a plateia e tentando conquistar a sua simpatia.

Não consegue. O ambiente é hostil. O tocador de tuba muda de tom. Torna-se ameaçador:

— Está bem, seus elitistas. Acabou. Onde é que vocês pensam que estão, no século XVIII? Já houve 17 revoluções populares depois de Mozart. Vou confiscar estas partituras em nome do povo. Vocês todos serão interrogados. Um a um, pá-pá.

Torna-se suplicante:

— Por favor, só o que eu quero é tocar um pouco também. Eu sou humilde. Não pude estudar instrumento de corda. Eu mesmo fiz esta tuba, de um Volkswagen velho. Deixa...

Num tom sedutor, para a violista:

— Eu represento os seus sonhos secretos. Sou um produto da sua imaginação lúbrica, confessa. Durante o Mozart, neste quarteto antisséptico, é em mim que você pensa. Na minha barriga e na minha tuba fálica. Você quer ser violada por mim num *alegro assai*, confessa...

Finalmente, desafiador, para o violoncelista.

— Esse bigode ruivo. Estou reconhecendo. É o mesmo bigode que eu usava em 1968. Devolve!

O tocador de tuba e o violoncelista atracam-se. Os outros membros do quarteto entram na briga. A plateia agora grita e pula. É o caos! Simbolizando, talvez, a falência final de todo o sistema de valores que teve início com o iluminismo europeu ou o triunfo do instinto sobre a razão ou, ainda, uma pane mental do autor. Sobre o palco, um dos resultados da briga é que agora quem está com o bigode ruivo é a violista. Vendo-a assim, o tocador de tuba para de morder a perna do segundo violinista, abre os braços e grita: "Mamãe!".

Nisso, entra no palco uma manada de zebus.

Siglas

— Bota aí: "P"

    — "P"?

    — De "Partido".

    — Ah.

    — Nossa proposta qual é? De união, certo? Acho que a palavra "União" deve constar do nome.

    — Certo. Partido de União...

    — Mobilizadora!

    — Boa! Dá a ideia de ação, de congraçamento dinâmico. Partido da União Mobilizadora. Como é que fica a sigla?

    — PUM.

    — Não sei não...

    — É. Vamos tentar outro. Deixa ver. "P"...

    — "P" é tranquilo.

    — Acho que "Social" tem que constar.

    — Claro. Partido Social...

— Trabalhista?

— Fica PST. Não dá.

— É. Iam acabar nos chamando de "Ei, você".

— E mesmo "trabalhista", não sei. Alguém aqui é trabalhista?

— Isso é o de menos. Vamos ver. "P"...

— Quem sabe a gente esquece o "P"?

— É. O "P" atrapalha. Bota "A", de Aliança. Aliança Inovadora...

— AI.

— Que foi?

— Não. A sigla. Fica AI.

— Espera. Eu ainda não terminei. Aliança Inovadora... de Arregimentação Institucional.

— AIAI... Sei não.

— É. Pode ser mal interpretado.

— Vanguarda Conservadora?

— Você enlouqueceu? Fica VC.

— Aliança Republicana de Renovação do Estado.

— ARRE!

— O quê?

— Calma.

— Espera aí, pessoal. Quem sabe a gente define a posição ideológica do partido antes de pensar na sigla? Qual é, exatamente, a nossa posição?

— Bom, eu diria que estamos entre a centro-esquerda e a centro-direita.

— Então é no centro.

— Também não vamos ser radicais...

— Nós somos a favor da reforma agrária?

— Somos, desde que não toquem na terra.

— Aceitaremos qualquer coalizão partidária para impedir a propagação do comunismo no Brasil.

— Inclusive com o PCB e o PC do B?

— Claro.

— Não devemos ter medo de acordos e alianças. Afinal, um partido faz pactos políticos por uma razão mais alta.

— Exato. A de chegar ao poder e esquecer os pactos que fez.

— Partido Ecumênico Republicano Unido.

— PERU?

— Movimento Institucionalista Alerta e Unido.

— MIAU?!

— Que tal KIM?

— O que significa?

— Nada, eu só acho o nome bonito.

— MUMU. Movimento Ufanista Mobilização e União.

— MMM... Movimento Moderador Monarquista.

— Mas nós somos republicanos.

— Eu sei. Mas por uma boa sigla a gente muda.

— TCHAU.

— Hum, boa. Trabalho e Capital em Harmonia com Amor e União?

— Não, é tchau mesmo.

— Aonde é que você vai?

— Abrir uma dissidência.

Rápido

Acho que era o Marcel Marceau que tinha uma pantomima em que ele representava a vida de um homem, do berço ao túmulo, em menos de um minuto. Shakespeare, claro, tem seu famoso solilóquio sobre as idades do homem que também é uma maravilha de sintetização poética. Nossas vidas, afinal, comparadas com a idade do Universo, se desenrolam em poucos segundos. Cabem numa página de diálogo.

— Quer dançar?

— Obrigada.

— Você vem aqui sempre?

— Venho.

— Vamos namorar firme?

— Bom... Você tem que falar com o papai...

— Já falei com seu pai. Agora é só marcar a data.

— 26 de julho?

— Certo.

— Não esqueça as alianças...

— Você me ama?

— Amo.

— Mesmo?

— Sim.

— Sim.

— Parece mentira. Estamos casados. Tudo está acontecendo tão rápido...

— Sabe o que foi que disse o noivo nervoso na noite de núpcias?

— O quê?

— Enfim, S.O.S.

— Você estava nervoso?

— Não. Foi bom?

— Mmmm. Sabe de uma coisa?

— O quê?

— Eu estou grávida.

— É um menino!

— A sua cara...

— Aonde é que você vai?

— Ele está chorando.

— Deixa... Vem cá.

— Meu bem...

— Hmm?

— Estou grávida de novo.

— É menina!

— O que é que você tem?

— Por quê?

— Parece distante, frio...

— Problemas no trabalho.

— Você tem outra!

— Que bobagem.

— É mesmo... Você me perdoa?

— Vem cá.

— Aqui não. Olha as crianças...

— O Júnior saiu com o carro. Ia pegar uma garota.

— Você já falou com ele sobre...

— Já. Ele sabe exatamente o que fazer.

— O quê? Você deu instruções?

— Na verdade ele já sabia melhor do que eu. Essa geração já nasce sabendo. Só precisei mostrar como se usa o macaco.

— O quê?!

— Ah, você quer dizer... Pensei que fosse o carro. E a Beti?

— Parece que é sério.

— Ela e o analista de sistemas?

— É. Aliás...

— Estão vivendo juntos. Eu sabia!

— Ela está indo para o hospital.

— Já?!

— São gêmeos!

— Sabe que você até que é uma avó bacana?

— Quem diria...

— Vem cá.

— Olha as crianças.

— Que crianças?

— Os gêmeos. A Beti deixou eles dormindo aqui.

— Ai.

— Que foi?

— Uma pontada no peito.

— Você tem que se cuidar. Está na idade perigosa.

— Já?!

— Sabe que a Beti está grávida de novo?

— Devem ser gêmeos outra vez. O cara trabalha com o sistema binário.

— Esse conjunto do Júnior precisa ensaiar aqui em casa? Que inferno.

— E o nome do conjunto? Terror e Êxtase.

— Vão acordar os gêmeos.

— Ai.

— Outra pontada?

— Deixa pra lá. Olha, essa música até que eu gosto. Não é um rock-balada?

— Não. Eles estão afinando os instrumentos.

— Quer dançar?

— Não! Você sabe o que aconteceu da última vez.

O Classificado Através da História

SÍTIO — Vendo. Barbada. Ótima localização. Água à vontade. Árvores frutíferas. Caça abundante. Um paraíso. Antigos ocupantes despejados por questões morais. Ideal para casal de mais idade. Negócio de Pai para filhos. Tratar com Deus.

CRUZEIRO — Procuram-se casais para um cruzeiro de 40 dias e 40 noites. Ótima oportunidade para fazer novas amizades, compartilhar alegre vida de bordo e preservar a espécie. Trazer guarda-chuva. Tratar com Noé.

ELEFANTES — Vendo. Para circo ou zoológico. Usados mas em bom estado. Já domados e com baixa do exército. Tratar com Aníbal.

CAVALO — Troco por um reino. Tratar com Ricardo III.

CISNE — Troco por qualquer outro animal de porte, mais moço. Deve ser macho. Tratar com Leda.

LEÃO — Oferece-se para shows, aniversários, quermesses, etc. Fotogênico, boa voz, experiência em cinema. Tem referências da MGM, para a qual trabalhou até a aposentadoria compulsória.

ÓRGÃO — Compro qualquer um. À vista. Também a audição, o sistema linfático, etc. Tratar com Dr. Frankestein, no Castelo.

CABEÇAS — Compro para coleção. Tenho as de João Batista, Maria Antonieta e todo o bando de Lampião.

COZINHEIRA — Procuro. Para família de fino trato. Deve ter experiências em banquetes e uma boa mão para venenos. Se falhar, pode dormir no emprego, para sempre. Tratar com Lucrécia Borgia.

TORRO TUDO — E toco cítara. Tratar com Nero.

BARBADA — Vendo ótima residência por preço de ocasião. Motivo força maior. 117 qtos., 80 banhs., amplos salões, lustres, tapetes, deps. compls. p/ 200 empreg., 50 vagas na estrebaria. Centro de terreno ajardinado. Tratar com Luís XVI, em Versalhes, antes que seja tarde.

TELEFONE — Pouco usado. Prefixo 1. Tratar com A.G. Bell.

CASAMENTO — Homem só, boa aparência, situação estável. Procura moça para ser companheira pelo resto da vida dela. Procurar Barba Azul.

CORRESPONDÊNCIA — Quero me corresponder com qualquer pessoa em qualquer lugar. Escrever para Robinson Crusoé com urgência.

CHICOTE — Correntes, arreios, chapa quente, Cadeirinha de Afrodite, Cabrito Mecânico, grande seleção de alicates, uma prensa, ferros para marcação. Vendo tudo com manual de instrução. Motivo prisão. Tratar com Marquês de Sade.

ASSISTENTE DE PINTOR — Deve ter prática em pintar de costas. Preciso de assistente porque estou momentaneamente impossibilitado de trabalhar. Caiu pingo no meu olho. Procurar Michelangelo, na Capela Sistina.

ENGENHEIRO — Precisa-se, urgente, para substituir elemento demitido motivo embriaguês. Tratar prefeitura de Pisa, Itália.

TRIPULANTES — Preciso para excursão marítima. Jogo tudo nesta empreitada. Tentaremos provar que se pode chegar à Índia viajando para o Oeste. Se conseguirmos, seremos famosos. Se não, a história nos esquecerá. Tratar com Cristóvão Colombo.

1ª EDIÇÃO [2001] 73 reimpressões

ESTA OBRA FOI COMPOSTA EM ADOBE GARAMOND PELA ABREU'S SYSTEM
E IMPRESSA EM OFSETE PELA LIS GRÁFICA SOBRE PAPEL PÓLEN BOLD DA
SUZANO S.A. PARA A EDITORA SCHWARCZ EM MARÇO DE 2020